KB039376

어빙 피셔가 들려주는
물가 이야기

어빙 피셔가 들려주는
물가 이야기

홍완표 지음 · 황기홍 그림

주 자음과모음

경제학자 어빙 피셔가 특히 관심을 갖고 연구한 물가는 우리가 경제 생활을 하면서 가장 중요하다고 느끼는 것이라고 해도 지나치지 않을 겁니다. 이런 주제를 피셔 교수를 통해서 여러분에게 소개하게 된 것을 필자는 기쁘게 생각합니다.

여러분은 신문이나 뉴스를 통해서 매일매일 물가에 관한 이야기를 접할 것입니다. 이 책을 읽으면서 여러분이 항상 듣고 있는 물가에 대해서 더 자세히 알 수 있기를 바랍니다. 더 나아가 물가뿐만 아니라, 경제 전체에 대해서도 더 친해질 수 있는 계기가 된다면 더욱 좋겠습니다.

피셔는 미국에서 경제학의 아버지라고 불리는 아주 유명한 경제학자입니다. 그는 특히 물가와 관련된 분야에서 많은 연구 업적을 남겼습니다. 이뿐만 아니라 통계학과 수학 분야에도 많은 관심을 갖고 있었죠. 그는 평생 28권의 저서를 남겼는데, 그 중 18권은 경제학 관련 저서들이고 나머지 10권은 경제학이 아닌 다른 분야의 저서들이었습니다. 여기에 더해서 그는 연구실의 학자로만 머물지 않고 발명가, 사업가, 정치가로서도 활발히 활동했답니다. 아주 활동적이고 다재다능한 생애를 살았지요.

여러분 중 이 책에서 진행되는 피셔 교수의 강의를 통해서 장차 경제학자를 꿈꾸게 되는 사람이 있다면 저자는 더없는 보람을 느낄 것입니다. 물가는 우리 경제생활에서는 물론이고, 경제학이라는 학문 영역에서도 핵심적인 분야라고 말할 수 있기 때문입니다.

이 책을 읽는 분들 중 대다수는 청소년이기 때문에 직접 경제 활동에 참여하지 않을 것입니다. 때문에 경제 활동에 직접 참여하고 있는 성인들에 비해서 물가라는 말이 다소 멀게 느껴질 것입니다. 이 책은 이런 점을 염두에 두고 여러분이 재미있게 읽을 수 있도록 쓰려고 노력했습니다. 저의 이런 의도가 여러분이 물가를 이해하는 데 큰 도움이 되길 기원합니다.

마지막으로 이 책의 원고를 편집하고, 교정해 주고, 삽화를 그려 주신 편집부의 여러분에게 고맙다는 말을 전하고 싶습니다. 그리고 이 책이 나올 수 있도록 물심양면으로 도와주신 (주)자음과모음의 강병철 사장님과 직원 여러분에게도 감사를 드립니다.

홍완표

차 례

첫 번째 수업 가격, 물가, 그리고 물가 지수

두 번째 수업 물가가 오르고 내리는 이유

세 번째 수업 각국의 물가 비교

물가는 수많은 상품의 가격을 합하여 평균한 것을 말하며, 물가 지수는 이러한 물가를 하나의 수치로 나타내는 것이다. 물가 지수는 특정 연도를 기준 연도로 정하여 그해의 지출을 100으로 놓았을 때, 비교 연도의 지출이 얼마가 되는지로 나타낼 수 있다.

점점 10원짜리 동전의 사용이 드물어지고 있다. 물가 상승으로 인하여 작은 단위의 화폐 가치가 떨어졌기 때문이다. 이렇게 물가가 지속적으로 상승하는 인플레이션이 발생하면 돈의 가치가 떨어져 고정 소득자나 돈을 빌려 준 사람은 손해를 보게 된다.

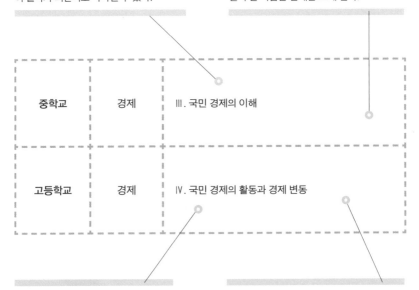

| 중학교 | 경제 | III. 국민 경제의 이해 |
| 고등학교 | 경제 | IV. 국민 경제의 활동과 경제 변동 |

물가는 항상 일정한 수준에 머물러 있지 않고 수시로 달라진다. 이러한 물가 변동의 요인으로는 상품을 생산하는 데 드는 비용인 생산 원가의 변동, 수요자와 공급자의 욕구가 맞지 않는 경우 등이 있다.

정부가 정부 지출이나 조세를 조절하여 총수요에 영향을 주는 경제 정책을 재정 정책이라고 하고, 중앙은행이 통화량이나 이자율을 조절하여 경제 상태에 영향을 주는 정책을 통화 정책 또는 금융 정책이라고 한다. 이 두 정책을 통하여 물가를 안정시킬 수 있다.

	세계사	어빙 피셔	한국사
1867		뉴욕 출생	
1868	일본, 메이지 유신		
1892		예일 대학교 수학·물리학 교수로 재직, 『가치와 가격 이론의 수학적 연구』 출간	
1894	청·일 전쟁		동학 농민 운동, 갑오개혁
1895		예일 대학교 경제학 교수로 재직	을미사변, 유길준 『서유견문』 출간
1910			국권 피탈
1911	신해혁명	『화폐의 구매력』 출간	
1913		개인 회사 '인덱스 비지블' 창업	
1914	제1차 세계 대전		대한 광복군 정부 수립
1919			대한민국 임시 정부 수립
1922		『지수 작성법』 출간	어린이날 제정
1925		경쟁 업체와 합병 후, '카덱스랜드'로 개명	
1929	대공황	"주가가 더 이상 떨어질 수 없는 고원의 경지에 이르렀다."는 선언으로 명예 추락	광주 학생 항일 운동
1930		『이자론』 출간	
1932		미국 계량 경제 학회 초대 회장에 취임	이봉창, 윤봉길 의거
1933		『대공황에 대한 부채-가격 폭락 이론』 출간	한글 맞춤법 통일안 제정
1935		예일 대학교 은퇴	
1947	마셜계획, 코민포름 결성, 인도와 파키스탄 독립	뉴욕에서 사망	유엔 한국 위원단 구성

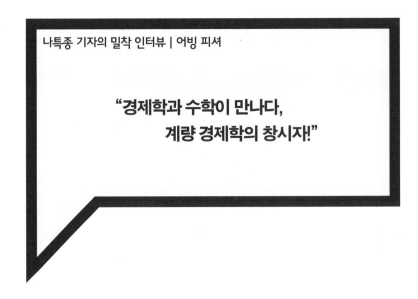

"경제학과 수학이 만나다, 계량 경제학의 창시자!"

안녕하세요? 오늘은 피셔 선생님께서 여러분에게 물가에 관한 이야기를 들려주실 텐데요. 먼저 인터뷰를 통해 피셔 선생님을 만나보도록 하겠습니다.

선생님, 안녕하세요. 먼저 간단한 소개와 함께 선생님의 어린 시절 이야기를 들어 볼까요?

안녕하세요? 나는 오늘 여러분에게 물가에 대한 이야기를 들려줄 어빙 피셔라고 합니다. 나는 1867년 2월 27일 미국 뉴욕에서 목사의 아들로 태어났습니다. 네 명의 형제자매 중 셋째였죠. 손위 두 명의 누이는 내가 어릴 때 죽었고, 나보다 일곱 살 아래인 남동생은 나중에 내가 유명해져서 책을 출판할 때 많은 도움을 주었답니다.

아버지께서는 내가 열일곱 살이던 해에 폐렴으로 돌아가셨습니다. 아버지는 자신이 다녔던 미국 예일 대학교에 아들인 나도 다니길 원하셨고, 아버지의 바람대로 나는 무난히 예일 대학교에 진학할 수 있었습니다. 그렇지만 아버지가 돌아가시면서 경제적 사정이 나빠져 굉장히 힘들었답니다. 장학금과 교수님들을 도와주고 받는 수입으로 가족의 생계를 꾸려 가며 힘들게 대학교를 다닐 수밖에 없었죠.

일찍부터 가장의 역할을 해내셨군요. 선생님의 학창 시절은 어땠나요?

나는 대학교에 입학하자마자 수학에 뛰어난 재능을 보여, 학교에서 두각을 나타내기 시작했습니다. 그렇지만 공부에만 몰두하는 공부벌레는 아니었답니다. 대학교 3학년 때에는 조정 경기 대회에 출전해서 우승했고, 예일 대학교 문학 잡지에 시를 발표해 잡지의 편집장이 되기도 했지요. 학교 웅변대회에서 2등을 차지한 적도 있답니다. 그야말로 다재다능했죠. 덕분에 대학교 졸업식에서는 학년 대표로 연설하는 영예를 갖기도 했습니다.

굉장히 도전적이고 모험 의식이 강한 학생이셨네요. 수학에 뛰어난 재능을 보였다고 하셨는데, 그렇다면 대학교에서는 수학을 전공하셨나요?

네, 그렇습니다. 조금 전에도 말씀드렸다시피 나는 어렸을 때부터 수학에 놀라운 재능을 보였습니다. 그래서인지 자연스럽게 수학과 물리학을 전공했지요. 대학교 졸업 후에 유럽으로 유학을 갔다 온 뒤, 1892년부터 1895년까지 모교에서 수학을 가르치기도 했답니다.

그렇다면 경제학 공부는 언제부터 하셨나요?

내가 경제학자의 길로 들어선 것은 대학교 졸업 후 3년 만에 경제학 박사 학위를 취득하면서였습니다. 그 당시 다른 유명한 경제학자들과 마찬가지로 나도 수학을 전공하다가 경제학으로 전향했지요. 500달러의 장학금을 받아 대학원에 진학할 수 있었는데 이때 가장 좋아했던 과목은 수학, 경제학, 물리학이었습니다. 지도 교수님들도 수학을 경제학에 접목시킨 '수리 경제학'을 전공해 보라고 권할 만큼 나는 수학과 경제학에서 재능을 나타냈답니다. 1895년부터 교수직에서 은퇴했던 1935년까지 예일 대학교에서 경제학을 가르쳤고, 이때 주로 수학을 경제학에 응용한 저서와 논문을 많이 썼지요.

수리 경제학
수학적 방법에 의하여 경제 현상을 분석하는 경제학의 한 분야입니다.

그러셨군요. 그런데 수학과 경제학은 다른 분야잖아요. 두 학문을 접목시키는 데 힘든 점은 없으셨나요?

하하, 힘들진 않았습니다. 오히려 재밌었는걸요. 수학과 경제학은 별개의 학문이라고 생각하는 분들이 많은 것 같은데 그렇지 않답니다. 나는 경제학을 좀 더 쉽게 이해할 수 있도록 경제 분석에 수학적 방식을 도입했습니다. 경제의 실체를 수량적으로 파악하고 분석하

여 경제 정책이나 기업 행동을 결정하는 학문을 계량 경
제학이라고 하는데요. 1930년에 미시·거시·계량 경제
학 등 경제학 전 분야를 아우르는 세계 최대 규모의 경
제 학회를 설립하여 근대 경제 이론을 개척하는 데 획기
적인 기여를 하였습니다.

  근데 경제 이론의 개척자 역할을 하셨군요. 그런데 선생님은
학문적 영역뿐만 아니라 사업적으로도 다재다능한 재능을 갖고

계량 경제학
이론 경제학과 수리 통계학의 지
식을 결합해 경제를 수량적으로
파악하여 미래 경제에 대한 예
측과 계획에 도움을 주고자 하는
근대 경제학입니다.

경제 학회
이론 경제학과 수리 통계학을 결
합시켜 경제 이론을 분석할 목적
으로, 1930년에 슘페터와 피셔
등에 의해 미국에서 설립되었습
니다.

계시다고 들었습니다.

네, 나는 사업과 발명에도 관심이 있었습니다. 취미로 발명을 해 오다가 1913년에 당시로서는 획기적인 일람식 카드 색인을 발명했지요. 일람식 카드 색인으로 특허를 얻고 개인 회사 '인덱스 비지블'을 차렸답니다. 사업이 꽤 성공적이어서 1925년에 경쟁 업체와 합병해 '카덱스랜드'로 이름을 바꾸고 큰돈을 벌었지요. 이 합병 회사는 나중에 최고의 상업용 컴퓨터를 만든 '스페리랜드'로 이어지고, 인수 합병을 통해 지금의 다국적 컴퓨터 기업 '유니시스'로까지 내려온답니다. 이 회사 이외에도 다른 여섯 개의 대기업에서 사장직을 맡기도 했죠.

유니시스
미국의 컴퓨터 시스템 제조 회사입니다. 한국에는 1971년 '스페리랜드 코리아'라는 이름으로 지사를 설립하였고, 이후 '한국 유니시스'로 이름을 바꾸었습니다.

대공황
1929년 미국의 주가 대폭락으로부터 시작된 사상 최대의 공황입니다. 물가의 폭락, 생산 축소, 경제 활동의 마비 등 대공황의 여파는 1939년까지 이어졌고 독일, 영국, 프랑스 등으로 파급되었습니다.

세계적인 컴퓨터 회사 창업자 중에 한 명이 되시는 거네요. 굉장하세요. 선생님은 행복한 하루하루를 보내셨을 것 같아요.

하지만 대공황을 피해 갈 수는 없었습니다. 당시 발명 등의 사업으로 번 돈을 주식에 투자하였는데, 나는 주가가 계속 상승할 것이라고 판단했지요. 그래서 아내와 누이의 저금을 깨고 빚까지 내어 더 많은 카덱스랜드의 주식을 사들였습니다. 그리고 1929년 10월 14일 "주가는 영원히 하락하지 않을 고지대에 도달했다."고 선언했습니다. 그런데 이때 대공황이 오고 말았지 뭐예요.

나의 선언이 있은 후 2주 뒤인 10월 29일 주식 시장은 대폭락하기 시작했습니다. 대공황의 시작을 알리는 '검은 월요일'이 오고 나서도 나는 주식 시장이 다시 살아날 것이라는 믿음을 버리지 않고 주식을 쥐고 있었지만 주가는 바닥을 모르고 추락했지요. 내가 당시 주식으로 잃은 돈은 최고 1천만 달러에 이를 것으로 추산됩니다.

1백만 달러를 가진 사람을 영어로는 밀리어네어(백만장자)라고 부르는데, 1백만 달러의 10배에 이르는 재산을 주식 투자로 한방에 날려 버린 것이죠. 예일 대학교는 내가 저당 잡힌 집에서 쫓겨나는 망신을 당하지 않도록 하기 위해, 내 집을 사들여 다시 빌려 주기까지 했습니다. 1929년의 대공황으로 재산은 물론 그동안 쌓아 왔던 명예까지 잃게 된 셈이지요.

그랬군요. 선생님께서 기다리고 기다리시던 주가 반등은 수년이 지나서야 이뤄지게 되었으니 정말 안타깝습니다. 대공황 이후에는 어떻게 지내셨나요?

정신적으로도 육체적으로도 힘든 시간이었습니다. 하지만 그렇다고 좌절하고 앉아 있을 수만은 없었습니다. 나는 잘못 선언했던 내용을 분석하는 데에 대부분의 시간을 보냈습니다. 그때 썼던 책이 『대공황에 대한 부채 – 가격 폭락 이론』(1933)입니다.

책의 내용에 대해서 간단히 설명해 주세요.

나는 이 책을 통해 대공황의 원인을 분석했습니다. 시중에 화폐의 양이 많아지고 이자율이 낮아지면 돈을 빌리기 쉬워집니다. 하지만 그만큼 각 경제 주체의 빚은 증가하게 되겠죠. 이때 주식이나 부동산 같은 자산의 가격이 갑자기 떨어지게 되면 빚에 대한 부담은 꽹

장히 커지게 됩니다.

그런 상황에서도 경제 이론을 분석하셨다니 정말 대단하십니다. 그런데 선생님은 물가가 변화하는 이유가 무엇 때문이라고 생각하시나요?

이를 명쾌하게 설명하는 이론은 화폐 수량설이라고 할 수 있습니다. 물가 수준은 화폐량의 변화에 따라 오르고 내린다는 이론이죠. 나는 『화폐의 구매력The Purchasing Power of Money』(1911), 『이자론The Theory of Interest』(1930)을 저술하면서 전통적 이론인 화폐 수량설을 간단한 교환 방정식으로 설명했습니다. 이것이 바로 여러분이 알고 있는 '피셔의 교환 방정식'이지요.

이 교환 방정식에 따르면 통화량이 두 배, 세 배로 증가하면 물가도 두 배, 세 배로 상승하는 것으로 나타납니다. 결국 물가 변화의 원인은 통화량의 변화에 있다고 볼 수 있지요. 더 자세한 내용은 수업을 통해서 설명할게요.

밀턴 프리드먼
미국의 경제학자로 1976년 노벨 경제학상을 받았습니다. 자유방임주의와 시장 제도를 통한 자유로운 경제 활동과 신화폐 수량설로 통화 정책의 중요성을 주장하였습니다. 주요 저서로는 『소비의 경제 이론-소비 함수』와 『미국과 영국의 통화 추세』가 있습니다.

선생님께서 교환 방정식을 통해 기여하신 이 화폐 수량설은 훗날 경제학자 밀턴 프리드먼(M. Friedman)에 의해 계승되어 통화주의(monetarism)로 발전하게 되었죠. 화폐 이론에 있어서 선생님의 업적은 정말 굉장하다고 생각합니다.

하하, 쑥스럽군요. 나의 화폐 이론이 물가를 분석하고 정책을 세우는 데 실질적인 공헌을 할 수 있게 된 것은 다행이라 여깁니다. 그리고 오늘날 중앙은행이 통화 가치를 지키기 위해 실시하는 정책의 기본 이념에 영향을 줄 수 있었던 점에 대해서도 대단히 영광으로 생각하고 있습니다.

인플레이션율과 명목 이자율의 상관관계를 나타내는 '피셔 효과'라는 유명한 이론도 선생님께서 발표하신 것으로 알고 있는데요. 오, 이런! 벌써 수업을 알리는 종소리가 들려 오네요. 오늘 인터뷰는 여기서 마무리해야 할 것 같군요.

그럼, 피셔 효과에 대한 이야기도 수업을 통해 자세히 설명하도록 하지요.

네, 알겠습니다. 선생님, 지금까지 인터뷰에 응해 주셔서 감사합니다. 나특종 기자의 인터뷰는 여기까지입니다. 그럼 지금부터 수업을 통해 물가에 관한 자세한 내용을 알아볼까요?

가격, 물가, 그리고 물가 지수

혹시 집에서 아빠와 엄마가 경제적인 문제를 두고 이야기하는 것을 들어 본 적이 있나요? 주로 엄마의 경제적 걱정거리는 아빠가 일해서 집으로 가져오는 월급은 정해져 있는데, 물가는 자꾸 올라서 시장 가기가 겁난다는 것일 겁니다. 대부분의 가정에서 흔히 들을 수 있는 말이죠. 그런데 이 물가란 도대체 무엇을 의미하는 것일까요?

가격이 모여 물가가 된다!

우리는 매일 생활에 필요한 것들을 구입합니다. 이때 어떤 물건 하나를 사기 위해서 지불하는 돈의 액수를 가격이라고 하죠. 그런데 이런 개별 상품의 가격으로는 전반적인 상품 가격의 변화를 판단하기가 어렵습니다.

우리가 구입하는 물건 중에는 식료품이나 옷처럼 자주 사는 것이 있는가 하면, 냉장고나 세탁기처럼 몇 년 만에 한 번씩 사는 것이 있습니다. 또한 시장에서 거래되는 여러 상품들의 가격은 같은 기간 중에도 그 오르고 내리는 방향이나 정도가 제각기 다르고, 우리 생활에 미치는 영향도 조금씩 다르게 마련이지요. 그래서 모든 상품의 전반적인 가격 수준이나 그 움직임을 알기 위해, 물건 하나하나의 가격이 아닌 물가라는 개념이 필요하게 되었답니다.

가격   물가

교과서에는

개별 상품을 사기 위해 지불하는 화폐의 크기를 '가격'이라고 합니다. 그러나 여러 상품들의 가격을 하나로 묶어서 표현할 때는 가격이라고 하지 않고 '물가'라고 합니다.

물가란 여러 가지 상품들의 평균적인 가격 수준을 나타내는 것이라고 할 수 있습니다. 즉, 여러 가지 상품들의 가격을 한데 묶어 이들의 종합적인 움직임을 알 수 있도록 한 것이죠.

이제 가격과 물가의 차이를 알겠나요? 아직 잘 모르겠다는 친구들도 있는 것 같군요.

예를 들어 볼게요. 사과 한 개의 가격이 1,000원, 책 한 권의 가격은 10,000원, 신발 한 켤레의 가격은 50,000원이라고 가정해 보죠. 사과 한 개, 책 한 권, 신발 한 켤레를 모두 사려면 얼마가 필요하나요? 61,000(=1,000+10,000+50,000)원이 필요하겠죠? 여기서 사과,

책, 신발이라는 여러 가지 상품들 묶음의 구입 비용을 우리는 '물가'라고 부릅니다.

여러분, 영어 잘하시나요? 영어 단어를 보면 가격과 물가의 차이를 더 쉽게 이해할 수 있을 겁니다. 영어에서 여러 개를 의미하는 복수를 나타낼 때는 단어 뒤에 's'나 'es'를 붙인다고 배웠죠? 그렇다면 가격이라는 단어 price에 's'를 붙인 prices는 어떻게 해석할 수 있을까요? '가격들' 또는 '여러 가격들의 모임' 정도로 볼 수 있겠죠.

실제로 price는 가격이라는 뜻이고, prices는 물가를 의미한답니다. 다시 말해 가격이 나무 하나하나를 말하는 것이라면, 물가는 나무들이 모여 있는 숲 전체를 말할 때 사용하는 용어라고 볼 수 있습니다.

물가는 돈의 가치와 관련하여 다른 측면에서도 설명할 수 있답니다. 여러분이 자주 사 먹는 과자로 예를 들어 생각해 볼까요? 물가가 오르면 똑같은 과자를 먹더라도 물가가 오르기 전보다 더 많은 돈이 있어야 사 먹을 수 있습니다. 이 말은, 같은 물건을 사기 위해 더 많은 돈을 지급하여야 하므로 돈의 가치가 떨어졌다는 말입니다. 반대로 물가가 떨어지면 어떨까요? 더 적은 돈으로 같은 물건을 살 수 있으니까 돈의 가치가 오르게 되겠죠.

이처럼 물가와 돈의 가치는 서로 반대 방향으로 움직인다고 볼 수 있습니다. 결국 물가를 안정시키는 것은 돈의 가치를 안정시키는 것과 같다고 볼 수 있지요.

물가 지수를 구해 보자

물가는 여러 상품 가격의 종합적인 움직임을 알 수 있도록 한 것이라고 했습니다. 그런데 물가가 높고 낮음은 어떻게 판단할 수 있을까요? 그리고 물가가 얼마나 오르고 내렸는지는 어떻게 알 수 있을까요?

벌써 눈치챈 친구들이 있는 것 같군요. 네, 바로 물가 지수를 이용하면 물가의 변화 정도를 나타낼 수 있습니다. 그럼 물가 지수가 어떻게 작성되는지 그 원리를 알아보도록 합시다.

참! 내가 경제 분석에 수학적 방식을 도입한 계량 경제학자라는 사실, 모두 알고 있죠? 지금부터 여러분의 이해를 돕기 위해 수학을 조금 이용하겠습니다. 수학이라고 하니 벌써부터 겁먹은 친구들이 있는 것 같네요. 하하, 너무 걱정하지 마세요. 간단한 수식을 이용할 거니까요.

단순한 물가 지수

물가 지수는 어느 시점의 물가를 100으로 놓고, 이 시점과 비교되는 다른 시점의 물가를 지수로 표시해서 구할 수 있습니다.

예를 들어 설명해 볼게요. 2011년에 사과 한 개의 가격이 1,000원, 책 한 권의 가격이 10,000원, 신발 한 켤레의 가격이 50,000원이었습니다. 그런데 그다음 해인 2012년에 사과 가격이 1,100원, 책 한 권의 가격이 12,000원, 신발 한 켤레의 가격이 55,000원으로 올랐다고 해 봅시다. 이 세 가지 물건을 모두 사기 위해서 2011년에는 61,000원이 필요하지만 2012년에는 68,100(=1,100+12,000+55,000)원이 필요하게 됩니다. 즉, 똑같은 물건을 사는데 1년 전에 비해서 7,100원을 더 내야 하는 것이죠.

이것을 비율로 따져 보면 어떨까요? 2012년에는 7,100원이라는 돈이 더 필요하게 되니까, 이 돈이 2011년에 필요했던 61,000원에서 차지하는 비율을 살펴보면 약 11.6(=7,100÷61,000×100)%가 되네요. 즉, 2012년에는 2011년보다 11.6%의 돈이 더 필요하게 됩니다.

왜 그럴까요? 각각의 물건 가격, 그리고 그 가격들의 평균인 물가가 모두 올랐기 때문입니다.

자, 그럼 물가 지수를 이용해서 물가가 얼마나 오르고 내렸는지를 살펴볼게요. 물가 지수를 구하기 위해서는 먼저 어떤 시점의 물가를 100으로 놓아야 한다고 했죠. 이때 어떤 시점을 기준 연도라 하고, 기준 연도에 비해 물가가 얼마나 오르고 내렸는지를 비교하는 시점을 비교 연도라고 합니다. 그렇다면 앞의 예에서 기준 연도는 2011년이 되고 비교 연도는 2012년이 되겠지요.

2011년을 기준으로 2012년의 물가는 11.6% 올랐다고 했습니다. 기준 연도 2011년의 물가 지수를 100이라고 보면, 2012년의 물가 지수는 111.6(=100+11.6)이 되는 셈이죠. 100을 기준으로 물가 지수가 100보다 크면 물가가 올랐다고 볼 수 있고, 100보다 작으면 물가가 내렸다고 볼 수 있습니다.

이처럼 물가 지수는 항상 기준 연도의 물가 수준을 100이라고 보고, 기준 연도에 비해서 비교 연도의 물가 지수가 얼마인지로 말한답니다.

그럼 물가 지수를 잘 이해했는지 확인해 볼 겸 퀴즈를 하나 내볼게요. 기준 연도는 2011년이고 비교 연도는 3년 후인 2014년으로 정해 봅시다. 다음 표를 참고하여 기준 연도인 2011년과 비교한 2014년의 물가 지수는 얼마인지 계산해 보세요.

단순한 물가 지수 구하는 예(1)

품목	2011년(기준 연도)	2014년(비교 연도)
사과 한 개의 가격	1,000원	1,150원
책 한 권의 가격	10,000원	12,000원
신발 한 켤레의 가격	50,000원	45,000원
총 구입 비용	61,000원	58,150원

여러분, 다 구하셨나요? 아직 서툰 친구들도 있는 것 같군요. 괜찮습니다. 오늘 처음 배운 내용이니까요. 자주 연습하다 보면 여러분도 쉽게 구할 수 있을 겁니다. 그럼 지금부터 나와 함께 차근차근 풀어 볼까요?

항상 기준 연도의 물가 지수는 100으로 정한다고 했죠. 비교 연도의 물가 지수는 이 세 가지 상품의 총 구입 비용을 기준 연도의 총 구입 비용으로 나눈 값에 100을 곱하여 얻을 수 있습니다.

단순한 물가 지수 구하는 예(2)

	2011년(기준 연도)	2014년(비교 연도)
총 구입 비용	61,000원(a)	58,150원(b)
물가 지수	100.0	95.3 (=(b÷a)×100)

그러므로 기준 연도 2011년의 물가 지수는 100이고, 비교 연도 2014년의 물가 지수는 95.3이 됩니다. 2014년의 물가 지수가 100보다 작기 때문에 2011년에 비해 물가가 하락했다는 것도 알 수 있습니다. 정확히 얼마나 하락했나요? 4.7(-4.7=95.3-100)% 하락했군요.

단순 평균한 물가 지수

그럼 이제 단순 평균한 물가 지수에 대해서 알아봅시다. 단순한 물가 지수와 단순 평균한 물가 지수는 언뜻 보면 같은 물가 지수 같지만 그렇지 않답니다. 단순 평균한 물가 지수가 생긴 이유는 단순한 물가 지수만으로는 물가 지수를 완벽하게 나타내지 못하기 때문이지요.

단순한 물가 지수는 특별한 경우에만 적용되는 물가 지수라고 볼 수 있습니다. 사람들이 모두 동일한 품목과 동일한 수량을 구입하는 경우에만 적용될 수 있기 때문이죠. 따라서 사람들이 구입하는 품목이 다를 때에는 앞의 경우처럼 총 구입 비용의 변화를 물가 지수라고 말하기 어려워집니다.

또 예를 들어 보도록 하죠. 영철, 은미, 진수의 총 구입 비용을 비교해 볼까요? 영철이는 사과와 신발, 은미는 책과 신발, 진수는 사과와 책을 한 개씩만 구입한다고 가정해 봅시다. 세 사람의 총 구입 비용의 변화는 다음의 표와 같이 나타낼 수 있습니다.

단순한 물가 지수 구하는 예(3)

	2011년(기준 연도)			2014년(비교 연도)		
	영철	은미	진수	영철	은미	진수
사과 한 개 가격(a)	1,000원	–	1,000원	1,150원	–	1,150원
책 한 권 가격(b)		10,000원	10,000원	–	12,000원	12,000원
신발 한 켤레 가격(c)	50,000원	50,000원	–	45,000원	45,000원	–
총 구입 비용(=a+b+c)	51,000원	60,000원	11,000원	46,150원	57,000원	13,150원

이때 세 사람에게 해당하는 2011년과 2014년의 물가 변화를 각각 단순한 물가 지수로 나타내면 어떻게 될까요?

단순한 물가 지수 구하는 예(4)

	2011년(기준 연도)			2014년(비교 연도)		
	영철	은미	진수	영철	은미	진수
총 구입 비용	51,000원 (a)	60,000원 (b)	11,000원 (c)	46,150원 (d)	57,000원 (e)	13,150원 (f)
물가 지수	100	100	100	90.5 (=(d÷a)×100)	95.0 (=(e÷b)×100)	119.5 (=(f÷c)×100)

표에서와 같이 2011년을 기준 연도로 할 때, 영철, 은미, 진수에

게 적용되는 2014년의 물가 지수는 각각 90.5, 95.0, 119.5가 됩니다. 달리 말하면 영철이에게는 9.5% 물가 하락, 은미에게는 5.0% 물가 하락, 진수에게는 19.5% 물가 상승이 발생한 셈이 되지요.

이처럼 단순한 물가 지수를 이용하면 사람들마다 구입하는 물건의 종류가 다를 때 개개인의 물가 지수도 다르게 정해지는 문제가 생기게 됩니다. 어떤 사람에게는 물가가 올랐다고 느껴지고, 또 어떤 사람에게는 물가가 내렸다고 느껴질 수 있겠죠. 이렇게 되면 전체적인 입장에서 봤을 때 어느 정도 물가가 오르고 내렸는지 파악하기 곤란해질 것입니다. 그래서 모든 사람들에게 동일한 수치로 물가 상승의 정도를 알려 주는 물가 지수인 단순 평균한 물가 지수를 구할 필요가 생기게 된 것입니다.

단순 평균한 물가 지수는 각 품목들의 가격 상승률을 개별적으로 구해서 모두 합한 후에, 합산한 품목의 개수로 나누어 얻을 수 있습니다. 앞에서 들었던 예를 단순 평균한 물가 지수로 나타내 볼까요?

단순 평균한 물가 지수 구하는 예(5)

품목	기준 연도(a)	비교 연도(b)	가격 지수 $(c=(b \div a) \times 100)$	단순 평균한 물가 지수$(e \div 3)$
사과	1,000원	1,150원	115	-
책	10,000원	12,000원	120	-
신발	50,000원	45,000원	90	-
계	-	-	325(e)	108.3

사과의 가격 지수(가격 상승률)는 115, 책은 120, 신발은 90이므로 이를 모두 합한 후에, 합한 품목의 개수인 3으로 나누면 108.3이 됩니다. 즉, 단순 평균한 물가 지수는 108.3이며, 기준 연도에 비해서 비교 연도에는 8.3(=108.3-100)%의 물가 상승이 발생했다고 볼 수 있습니다.

이제 단순한 물가 지수와 단순 평균한 물가 지수의 차이를 알겠죠? 단순한 물가 지수보다는 단순 평균한 물가 지수가 경제 전체의 물가 수준 변화를 더 객관적으로 잘 나타내 주기 때문에 더 좋은 물가 지수라고 할 수 있습니다. 그런데 이게 다가 아니랍니다. 가중 평균한 물가 지수라는 게 있거든요. 조금 더 집중해서 잘 들어 보세요.

가중 평균한 물가 지수

실제 정부 기관 등에서 발표하는 물가 지수는 앞서 설명한 단순 평균한 물가 지수보다는 다소 복잡한 계산 방식을 사용합니다. 현실 세계에서 모든 품목들 간에는 그 중요도에 있어서 차이가 존재하기 때문이죠.

자동차 연료 등에 사용되는 휘발유는 우리가 생활하는 데 있어서 매우 중요한 것이기 때문에 약간만 가격이 오르더라도 우리 생활에 미치는 영향력이 크다고 할 수 있습니다. 그러나 아이스크림의 경우 휘발유보다는 경제생활을 하는 데 있어서 차지하는 비중이 적기 때문에 가격이 많이 오르더라도 우리 생활에 미치는 영향력은 크지 않지요.

따라서 정부 기관 등에서 물가 지수를 구할 때에는 이처럼 각 품목이 우리 경제생활에 미치는 중요도를 고려하게 됩니다. 이런 중요도를 우리는 품목별 가중치라고 부르지요.

그럼 품목별 가중치를 고려한 가중 평균한 물가 지수는 실제로 어떻게 계산하는지 알아봅시다. 가중 평균한 물가 지수를 구하기 위해서는 우선 가격 조사 대상 품목을 선정해야 합니다. 물론 전반적인 가격의 움직임을 보다 정확히 알기 위해서는 모든 상품을 조사 대상으로 해야겠죠. 하지만 실제로 가격을 조사하는 데는 많은 비용과 어려움이 따르므로 편의상 거래 금액이 큰 주요 품목만을 조사 대상으로 하게 됩니다.

대상 품목이 선정되면 품목별로 가격을 조사하여 기준 연도의 가격을 100으로 한 품목별 가격 지수를 구하고, 여기에 그 품목의 중요도라 할 수 있는 가중치를 곱한 다음 이들을 합하여 물가 지수를 산출합니다. 품목별 가중치는 물가 지수의 종류별로 그 산정 기준을 따로 정하고 있는데, 나라 전체 상품의 총거래액이나 도시 가계의 소비 지출 총액 중에서 그 품목이 차지하는 비중 등을 가중치로 사용하게 되지요.

자! 그럼 앞의 예를 이용해서 가중된 물가 지수를 구해 볼까요? 단순 평균한 물가 지수도 구해 봤으니 그리 어렵지 않게 구할 수 있을 거예요. 표를 참고하면서 설명을 잘 들어 보세요.

먼저 각 품목별 가격 지수를 구합니다. 여기까지는 단순 평균한 물가 지수처럼 구하면 되겠지요. 각 품목별 가격 지수가 구해지면 여기에 각 품목의 가중치를 곱합니다. 이 값을 전부 더하면 2014년의 가중 평균한 물가 지수는 106.5가 되겠네요. 어때요, 나와 함께 풀어 보니 별로 어렵지 않죠?

가중 평균한 물가 지수 구하는 예(6)

품목	기준 연도(a)	비교 연도(b)	가격 지수 (c=(b÷a)×100)	가중치(d)	물가 지수(c×d)
사과	1,000원	1,150원	115	0.3	34.5
책	10,000원	12,000원	120	0.3	36
신발	50,000원	45,000원	90	0.4	36
계	–	–	–	1.0	106.5

이렇게 가중된 물가 지수는 단순한 물가 지수 또는 단순 평균한 물가 지수와는 차이가 난다는 것을 알 수 있습니다. 단순한 물가 지수는 기준 연도에 비해서 4.7%(예2) 물가가 하락한 것으로 나타나는데, 단순 평균한 물가 지수는 8.3%(예5), 가중된 물가 지수는 6.5%(예6) 물가가 상승한 것으로 나타났죠. 단순한 물가 지수보다는 단순 평균한 물가 지수가, 그리고 단순 평균한 물가 지수보다는 가중 평균한 물가 지수가 현실의 물가 수준을 더 잘 나타내기 때문입니다. 왜 정부에서 가중 평균한 물가 지수를 공식적인 물가 지수로 사용하는지 알겠죠?

그럼, 이제 조사 품목의 차이에 따라 다양하게 나타나는 여러 가지 물가 지수에 대해 알아볼까요?

다양한 물가 지수

지금까지 물가 지수가 어떻게 만들어지는지에 대해 알아보았는데요. 물가의 상승 정도를 알려 주는 물가 지수는 쓰임새에 따라 매우 다양하답니다. 이용 목적에 따라 여러 가지 형태로 작성되기 때문이지요. 오늘은 여러 가지 물가 지수 중에서도 우리가 신문이나 TV 등에서 자주 접하는 물가 지수 몇 가지를 살펴보도록 할게요. 알아 두면 피가 되고 살이 되는 지식이니 설명을 잘 듣도록 해요. 알겠죠?!

소비자 물가 지수

소비자 물가 지수는 소비자가 일상적인 소비 생활을 하면서 구입하는 품목의 가격 변동을 조사해서 도시에 사는 사람들의 평균적인 생활비를 측정하는 물가 지수입니다. 우리가 사게 되는 일반적인 물건들의 가격이 얼마나 변하는지 알기 위해서 만들어진 물가 지수라고 보면 되겠지요.

소비자 물가 지수는 매달 통계청에서 작성하여 발표하고 있습니다. 조사를 편하게 하기 위해 소비자들이 많이 사용하는 품목 중에서 소비 지출 비중이 큰 516개 품목의 가격을 조사해서 작성하고 있는데요. 일상생활에서 구입하는 식료품, 의약품, 가전제품 등의 상품 가격과 수업료, 집세, 버스 요금, 이발비 등의 서비스 요금이 소비자 물가 지수에 사용됩니다.

> **소비자 물가 지수**
> 소비자 물가 지수는 가계 소득의 실질적인 구매력 변동을 측정하고자 합니다. 가계 생활에 중요한 영향을 미치는 재화와 용역을 선정하고 중요도에 따라 비중을 달리하여 산출하지요.

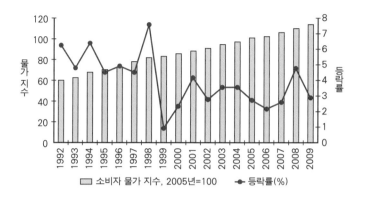

우리나라의 소비자 물가 지수 그래프

이 물가 지수는 소비자들의 생활비가 얼마나 드는지 알아볼 때,
기업의 경영자들이 자기 기업 근로자들의 월급을 얼마나 올려 주어
야 하는지를 결정할 때 참고하는 물가 지수입니다.

1995년부터 소비자 물가 지수의 보조 지수로 '생활 물가 지수'가
작성되어 발표되고 있는데요. 생활 물가 지수는 소비자 물가 조사 대
상 품목 중에서 일반 소비자들이 자주 구입하는 기본 생필품 156개
를 선정해서 이들 품목의 평균적인 가격 변동을 나타낸답니다.

이 지수는 가정주부들이 시장에서 물건을 살 때 직접 경험하는
물가 상승률에 가장 근접한 물가 지수입니다. 흔히 말하는 장바구니
물가에 가장 근접한 물가 지수인 것이죠.

생산자 물가 지수

생산자 물가 지수는 생산자가 공장에서 만든 물건을 도매상인에

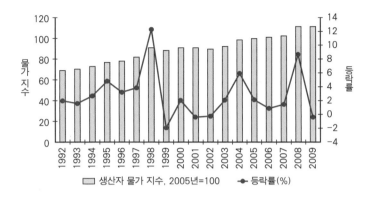

우리나라의 생산자 물가 지수

게 판매할 때 매기는 가격을 기준으로 조사되는 물가 상
승률 지표입니다. 한국에서 가장 오래된 통계 중 하나로
서 1910년부터 한국은행을 통해 작성되고 있지요. 생산
자들 간의 거래 품목 중에서 거래 규모가 큰 923개 품목
의 판매 가격을 조사 대상으로 하고 있습니다.

　1991년까지는 도매 물가 지수라는 이름으로 불리기도 했는데, 이
때 도매 물가 지수라고 해서 도매상 사이의 물가라고 생각하면 안
됩니다. 여기서 도매라고 하는 것은 생산자가 물건을 맨 처음으로
넘기는 단계를 말하거든요.

　이 물가 지수는 시장 동향을 파악하거나 공공 기관이 예산을 짤
때, 기업들의 자산 재평가를 할 때 이용됩니다. 소비자 물가 지수가
주로 소비재나 소량 거래를 주 대상으로 소비자의 눈높이에서 작성
된 것이라면, 생산자 물가 지수는 생산 원료로 사용되는 품목이나

대량 거래에 적용되는 가격을 대상으로 생산자나 기업의 눈높이에 맞추어 작성된 것이라고 볼 수 있습니다.

수출입 물가 지수

수출입 물가 지수는 수출되고 수입되는 품목의 가격 변화를 알아보기 위해서 만들어진 물가 지수입니다. 수출과 수입 금액 규모가 큰 품목의 가격을 대상으로 조사되는데, 수출 품목 211개, 수입 품목 234개(2005년 기준)가 그 대상이 되지요. 이 지표도 한국은행에서 작성하여 발표하고 있습니다.

수출입 물가 지수는 수출과 수입에 관련된 기업들이 외국의 경쟁 기업들과 비교해서 해당 물품을 얼마나 싸게 수출하고 수입하는지를 알아보는 지수로 사용되고 있습니다. 앞으로 수출과 수입에 어떤 변화가 나타날지 미리 예상해 보는 데에도 중요한 자료로 사용되고 있지요.

한국은행
우리나라 최초의 중앙은행은 1909년에 설립된 구(舊)한국은행입니다. 1948년 정부 수립과 함께 새로운 중앙은행의 설립이 요청되어, 1950년 5월에 현대적 기능을 갖춘 한국은행을 설립하였습니다. 효율적인 통화 정책을 통해 물가를 안정시키는 데 목적을 두고 있습니다.

농가 판매 및 구입 가격 지수

농가 판매 및 구입 가격 지수는 농촌 지역에서 생산한 농산물의 판매 가격과 농촌에서 주로 필요로 하는 품목의 가격 변화를 조사하기 위해 작성되는 특수한 목적의 물가 지수입니다. 농촌에서 생산되는 농산물이 다른 도시 지역의 공장에서 생산되는 품목에 비해서 가격이 어떻게 변화되고 있는지를 알아냄으로써 농촌의 경제 활동을 분석하고, 알맞은 농업 정책을 수립하기 위한 기초 자료로 사용하고 있지요. 이 지수는 농협중앙회에서 작성하여 발표하고 있으며, 여기에 포함되는 품목에는 곡물, 청과물, 축산물, 특용 작물, 화훼 등이 있습니다.

이제 오늘 수업을 마칠 때가 되었네요. 그런데 혹시 여러분은 청소년들이 주로 사용하는 품목들의 가격 변화를 알아볼 수 있는 물가 지수는 없는지 궁금하지 않나요? 학용품, 참고서, 피자, 떡볶이, 영화 관람, PC방 이용료 등 청소년들이 자주 구매하는 품목들만을 묶어서 청소년 물가 지수라는 이름으로 누군가에 의해서 조사되고 발표되면 좋을 텐데 말이죠. 그러면 부모님께 용돈을 올려 달라고 할 때 유용하게 사용할 수 있잖아요.

예를 들면, 청소년 물가 지수가 올해 20% 올랐으니 내 용돈도 20% 올려 주셔야 되지 않겠냐고 말이죠. 그러나 안타깝게도 아직 이런 종류의 청소년 물가 지수는 없답니다. 오늘 수업을 통해 물가 와 물가 지수에 대해 공부한 여러분이 친구들과 함께 만들어서 한번 사용해 보면 어떨까요?

체감 물가 지수

엄마들은 종종 정부가 발표하는 소비자 물가 지수는 실제보다 터무니없이 낮다고 말합니다. 실제 시장에 가 보면 매년 물가가 20%에서 30% 정도는 오른 것 같은데, 정부 발표에 의하면 소비자 물가 지수는 매년 2%에서 3% 정도 올랐다고 하니 말이 죠. 정부가 발표하는 소비자 물가 지수는 엉터리인 걸까요? 왜 이런 차이가 생기는지 한번 생각해 봅시다.

이것은 흔히 '장바구니 물가' 또는 '체감 물가'라고 말하는 소비자들의 주관적 물가 지수와 공식적 소비자 물가인 객관적 물가 지수를 구할 때 적용하는 조사 품목의 가중치가 다르기 때문입니다.

예를 들면, 버스를 자주 타는 사람은 버스 요금이 올랐을 때 물가가 크게 올랐다고 느끼지만, 평소 버스를 거의 타지 않는 사람은 버스 요금이 올라도 물가가 올랐다는 것을 전혀 모르고 있을 수도 있습니다. 이런 이유로 각 개인들이 느끼는 소비자 물가 상승률과 공식적 소비자 물가 지수 상승률에는 차이가 발생할 가능성이 큽니다.

물가가 오르고 내리는 이유

물가 지수는 왜 필요하다고 했나요? 기준 연도에 비해 물가가 얼마나 오르고 내렸는지를 파악하기 위해서죠. 그렇다면 왜 물가는 오르고 내리는 것일까요? 교환 방정식과 화폐 수량설을 통해서 그 이유를 알아봅시다.

수능과 유명 대학교의 논술 연계

2011년도 수능 경제 2번

2009년도 (9월) 평가원 경제 2번

2008년도 (3월) 교육청 경제 20번

화폐 수량설의 배경

물가는 오르기도 하고, 때에 따라서는 내리기도 합니다. 그 이유는 무엇일까요? 수백 년 전부터 이에 대한 경제학자들의 생각은 아주 단순했습니다. 물가가 오르는 이유는 돈 때문이라고 생각했거든요. 좀 더 정확히 말하면 경제 내에 돈이 너무 많으면 물가가 오르고, 돈이 너무 적으면 물가는 내린다고 생각했답니다. 시중에 유통되는 돈의 수량이 물가 수준을 결정한다는 아주 단순한 생각을 갖고 있었던 셈이죠. 이를 우리는 수량설(quantity theory) 또는 화폐 수량설(quantity theory of money)이라고 부릅니다.

    그런데 왜 사람들은 수백 년 동안 화폐의 양이 물가 수준을 결정한다고 생각하게 되었을까요? 16세기 유럽으로 역사 여행을 떠나서 살펴볼까요?

> **화폐 수량설**
> 화폐 공급량의 변화가 물가 수준을 정비례적으로 변화시킨다고 하는 경제 이론입니다. 이 주장은 16세기경부터 나타났으며, 고전학파 경제학에서 이 이론 체계의 핵심을 이루고 있습니다.

가격 혁명

16세기 유럽은 금과 은을 화폐로 사용하는 복본위제(bimetallism)를 채택하고 있었습니다. 사람들은 금과 은을 많이 확보하는 것이 국가의 부(富)를 증대시키는 가장 확실한 방법이라고 생각했고, 금과 은을 찾아 전 세계로 정복의 길을 떠났지요.

1531년에 피사로는 남미 원정을 떠납니다. 무자비한 정복자 피사로의 눈을 사로잡았던 것은 잉카 제국이 가지고 있던 엄청난 양의 황금이었죠. 잉카의 황제를 만나게 된 피사로는 자신이 스페인 왕의 사절이라며 황제를 속이고 그를 처형했습니다. 황제의 죽음으로 찬란했던 남미 제국의 잉카 문명은 종말을 맞게 되었지요.

16세기 초 피사로의 잉카 정복을 시작으로 스페인은 멕시코, 페루, 볼리비아 등에서 본격적으로 귀금속 광산을 개발하기 시작했습니다. 특히 볼리비아의 포토시 은광 개발 이후 스페인의 세비야에 입항하는 은의 규모는 엄청나게 늘어났죠. 1560년대 후반에 이미 8만 3,000킬로그램에 달했던 연간 은 수입량은 1590년대 전반기에 무려 27만 4,000킬로그램에 이르렀습니다.

유럽으로의 금과 은의 대량 유입은 이후 유럽 경제에 엄청난 변화를 가져왔습니다. 이른바 가격 혁명이 일어난 것이죠. 미국의 경제사학자 해밀턴(Earl J. Hamilton : 1899~1989)은 1934년 『미주 대륙의 귀금속과 스페인에서의 가격 혁명 : 1501~1650』이라는 책에서 처음으로

가격 혁명이라는 말을 사용했는데, 대체 물가가 얼마나 올랐기에 혁명이라고 했을까요?

　1520년부터 1620년까지 100년간 스페인과 영국의 곡물 가격은 약 3.5배 올랐습니다. 연평균으로 따지면 1.4% 정도이니, 한국의 소비자 물가가 지난 1965년부터 2005년까지 40년간 28.5배 상승(연율 8.7%)한 것에 비하면 약소하지만 당시 기준으로는 획기적이었습니다. 20세기 이전에는 장기간에 걸쳐 지속적으로 물가가 오르는 현상이 거의 없었거든요.

산업 혁명

18세기 중엽 영국에서 시작된 기술 혁신과 이로 인해 일어난 사회·경제 구조의 변혁을 말합니다. 좀 더 넓은 개념으로 농업 중심 사회에서 공업 중심 사회로의 움직임으로 보기도 합니다.

물론 13세기와 영국의 산업 혁명 시기(1760~1815년)에도 물가가 오르기는 했지만 16세기와는 비교가 되지 않을 정도로 작은 규모였습니다. 그러므로 미증유의 경제 현상을 목격한 이 시대 사람들의 당혹감은 우리가 생각하는 것보다 훨씬 컸을 것입니다.

해밀턴은 앞서 말한 책에서 1세기 반 동안 스페인을 통해 유럽으로 유입된 귀금속의 규모가 1,000배 이상 증가했고, 이에 따라 물가는 3.5배가량 상승했다고 주장했습니다. 금이나 은이 많아지면 국가가 부유해지는 것이 아니라 물가가 오르게 된다는 것을 깨닫게 된 것이죠.

화폐는 베일에 불과하다

혹시 자음이와 모음이는 부모님이나 친척들의 결혼사진을 본 적 있나요?

"네, 부모님 결혼사진을 봤는데 우리 엄마지만 진짜 너무 예쁘시더라고요."

"면사포로 얼굴을 가리셨는데도 행복해하시는 엄마의 모습이 보였어요. 그런데 결혼사진 얘기는 왜 하시는 거예요?"

결혼식에서 신부의 얼굴을 가리는 면사포를 영어로는 베일(veil)이라고 합니다. 경제학자들은 화폐를 이 베일에 비유했지요. 왜 그

랬을까요?

이 당시 경제학자들은 금이나 은과 같은 화폐의 기능 중에서 교환 수단으로서의 기능만이 중요하다고 생각했습니다. 금이나 은과 같은 화폐가 증가한다고 국가가 부유해지는 것이 아니라는 사실을 깨달았던 것이죠. 대신에 국가가 부유해지기 위해서는 국가 내에서 생산 능력이 높아져야 한다는 것을 알게 되었습니다.

생산량이나 생산 능력이 정해지는 경제 내의 실물적 요인과 경제 내에서 가격이나 물가 수준이 정해지는 화폐적 요인을 분리해서 보게 되었지요. 나를 포함한 고전학파 경제학자들은 화폐는 재화와 서비스의 흐름을 원활하게 하기 위한 수단에 지나지 않으며, 실물 경제의 생산 수준, 소비량 또는 저축량 등은 화폐의 증감에 의해서 영향을 받지 않는 것으로 보았습니다.

즉, 화폐는 실물 부문을 감싸는 하나의 베일에 불과하다고 생각한 것이죠. 따라서 산출량과 같은 실물 변수는 화폐의 영향을 전혀 받지 않고 실물 부문에서 결정되며, 물가와 같은 명목 변수는 실질 부문의 영향을 받지 않고 화폐 부문에서 결정된다고 보았습니다. 고전학파 경제학자들의 화폐에 대한 이 같은 시각을 '화폐의 베일관'이라고 부른답니다.

고전학파 경제학자들에게 물가는 완전히 화폐적 요인에 의해서만 결정되는 것이었습니다. 이것이 물가는 경제 내에 흘러 다니는 화폐의 양과 비례해서 결정된다는 화폐 수량설을 믿게 된 이유가 되었지요. 화폐 수량설에 따르면 생산량, 즉 국가의 경제력을 결정하는 요인은 화폐의 양이 아니라 투입되는 노동력과 과거의 투자로 이루어진 자본량 등과 같은 실물적 요인이 됩니다. 이렇게 화폐 부문과 실물 부문을 분리시켜 경제를 이해하려는 것을 '경제의 이분법적 사고'라고 합니다.

화폐 수량설의 발전, 교환 방정식

경제를 실물 부문과 화폐 부문으로 분리시켜 이해하려는 '이분법적 사고'와 물가는 화폐 부문에서 결정되고, 경제 내의 화폐량에 비례하여 결정된다는 화폐 수량설은 20세기 초까지 물가 변동을 설명하는 전통적 이론으로 자리매김했습니다. 나는 수백 년 동안 이어져 내려온 화폐 수량설을 새롭게 이해하려고 시도했지요. 그리고 마침내 선배 경제학자들이 믿어 왔던 화폐 수량설을 교환 방정식이라는 수식으로 멋지게 단장해서 '피셔의 거래 수량설'이라는 이름으로 재탄생시켰습니다.

　나는 거래 수량설을 통해 통화량과 물가의 관계를 설명하였고, 후대의 경제학자들에게 화폐 수량설이 더 복잡하고 정교한 형태로 발전할 수 있는 길을 열어 놓았습니다. 그래서 후배 경제학자들은 나를 화폐 수량설을 현대적으로 재해석한 화폐 수량설의 신봉자라고 평가하기도 하더군요. 하하, 얼마나 영광스러운지 모르겠습니다.

"선생님, 교환 방정식이 뭔지 궁금해요. 빨리 알려 주세요!"

"그런데 방정식은 수학 아닌가요? 자음이는 수학을 잘 못하니까 어렵지 않을까요?"

내가 계량 경제학자라고 말했잖아요. 하지만 이번에도 복잡하고 어려운 수학 이론은 나오지 않으니까 너무 걱정하지 마세요. 자, 그럼 교환 방정식에 대한 설명을 시작해 볼까요?

교환 방정식은 다음과 같은 항등 관계에서 출발합니다. 거래에는 항상 물건을 파는 판매자와 물건을 사는 구매자가 있으며, 판매된 재화의 가치는 판 사람이 받은 화폐 금액과 같아야 합니다. 그리고 판매된 재화의 가치는 주어진 기간 동안에 재화가 평균적으로 몇 번 거래에 사용되는가를 나타내는 화폐의 거래 유통 속도에 통화량을 곱한 것과 같습니다. 이러한 관계를 식으로 나타내 볼게요.

$$M \cdot V = P \cdot T$$

M : 통화량   V : 화폐의 거래 유통 속도

P : 물가 수준   ·   T : 거래량

여기에 몇 가지 가정을 추가하면 거래 수량설을 얻어 낼 수 있습니다. 나는 화폐의 거래 유통 속도 V가 거래 제도나 거래 관습에 따라 결정되므로 단기적으로 일정하다고 생각했답니다. 또한 고전학

파의 전통에 따라 생산은 항상 생산 가능한 최고 상태에서 이루어지며, 그 결과 거래량 T도 단기적으로는 항상 일정하다는 가정을 추가했지요.

이 가정에 따라 화폐의 거래 유통 속도 V와 거래량 T가 일정하면, 통화량 M과 물가 P가 비례 관계를 갖는다는 결론을 얻을 수 있습니다. 위의 식을 보세요. V와 T가 일정하면 당연히 M과 P는 비례하겠죠. M과 P가 비례한다는 말은 통화량이 두 배, 세 배로 증가하면 물가도 두 배, 세 배로 상승한다는 뜻입니다.

결국 거래 수량설은 장기에는 통화량과 물가 수준 사이에 비례적인 관계가 있음을 주장하는 물가 이론이라고 할 수 있습니다. 나는 교환 방정식을 이용해 화폐 수량설의 이론을 뒷받침함으로써 장기에 물가가 오르고 내리는 이유를 통화량, 즉 화폐의 양이 증가하거나 감소하기 때문이라고 생각했지요. 그런데 나보다 16년 뒤에 영국에서 태어난 케인스(John Maynard Keynes, 1893~1946)라는 후배 경제학자가 나를 포함한 고전 경제학자들이 주장한 화폐 수량설이 모두 틀린 이론이라고 주장하고 나섰지 뭡니까. 그게 도대체 어떤 이론이냐고요?

케인스
영국의 경제학자로 유효 수요의 증가를 강조하는 케인스 경제학의 이론을 창시하였습니다. 기존의 고전 경제학자들의 이론을 비판하고 정부의 단기적인 정책 실행을 중요시하였죠. 주요 저서로는 『고용·이자 및 화폐의 일반 이론』이 있습니다.

케인스의 물가 이론

20세기 초 세계가 대공황을 경험하면서 기존의 경제학에 대한 신뢰가 무너지기 시작하였습니다. 기존의 고전학파 경제학자들은 시장 경제는 길게 보면 항상 완벽한 결과를 가져다준다고 믿고 있었거든요. 정부가 시장에 간섭만 하지 않으면 길게 봤을 때 실업자는 생기지 않으며, 생산물이 남지도 부족하지도 않는 상태가 유지될 수 있다고 말이죠. 하지만 고전학파 경제학자들의 예상과는 달리 1929년 대공황이 발생된 이후 대량의 실업자가 수년간 쏟아져 나왔고, 많은 기업들은 생산한 물건들이 팔리지 않아 문을 닫을 수밖에 없었습니다.

이들에게 돈을 빌려 주었던 은행들도 대출금을 받지 못하자 결국 기업들과 함께 파산하게 되었지요. 거리는 실업자로 넘쳐났고, 사태는 쉽게 진정될 것처럼 보이지 않았습니다. 기존의 고전학파 경제학에서 늘 주장하던 바와 다른 결과가 나타났던 것입니다.

이때 케인스라는 경제학자가 나타나 기존의 고전학파 경제학에서 탈피할 것을 주장했습니다. 그는 "장기적으로 우리는 모두 죽는다."라고 말하며, 시장만을 믿고 사태가 진전되길 기다릴 수만은 없다는 점을 강조했습니다. 그리고 화폐는 실물을 감싸는 껍질에 불과하다는 '화폐의 베일관'도 화폐 부문과 실물 부문이 서로 분리되어 움직인다는 '경제의 이분법적 사고'도 모두 잘못된 것이라고 주장하면서, 기존의 고전학파 경제학자들과는 다른 경제 이론을 주장했습니다.

케인스 이전의 물가 이론인 화폐 수량설은 화폐의 흐름이 재화의 생산 과정과 어떻게 연결되어 있는지 파악하지 못하고 있었습니다. 그런데 케인스는 물가 변동을 경기 변동의 과정과 연결하여 설명함으로써, 생산량의 변동을 가져오는 경기 변동에 따라서 화폐량과 물가가 서로 어떻게 작용하는지에 대해서 다음과 같은 새로운 이론을 제시하였지요.

여러 가지의 경우	물가의 변동	여러 가지의 경기 국면
화폐량 증가 〈 생산량 증가	물가 하락 또는 물가 일정	경기 상승 초기 단계
화폐량 증가 〉 생산량 증가	물가 상승	경기 활황 중간 단계
화폐량 증가 + 생산량 일정	물가 상승	경기 활황 말기 단계, 전시 태세
화폐량 증가 + 생산량 감소	물가 상승	전쟁 직후
화폐량 감소 + 생산량 증가	물가 하락	경기 하락 시작 단계
화폐량 감소 〉 생산량 감소	물가 하락	경기 침체 국면
화폐량 감소 = 생산량 감소	물가 안정	경기 침체 말기 단계
화폐량 일정 + 생산량 감소	물가 상승	농업 대흉작, 노사 분규로 생산 감소

케인스의 물가 이론은 다음과 같은 두 가지 측면에서 화폐 수량설과 차이가 있습니다.

첫째, 화폐량의 크기 변화는 물가 수준의 변화 크기와 반드시 비례하지 않습니다.

둘째, 화폐량의 변화가 물가 수준에 어떤 변화를 가져오는가를 설명하기 위해서는 반드시 생산량의 변화를 함께 고려해야 합니다.

	피셔	케인스
화폐량과 물가 수준	• 교환 방정식에 의해 비례한다.	• 반드시 비례하지는 않는다. • 생산량의 변화도 함께 고려해야 한다.

앞에서 화폐의 베일관을 설명하면서 고전학파 경제학자들에게

물가는 완전히 화폐적 요인에 의해서만 결정되는 것이라고 말했습니다. 하지만 케인스는 물가의 변화를 설명하기 위해서는 화폐 부문과 실물 부문을 모두 고려해야 한다는 경제 이론을 주장했습니다. 이런 점에서 케인스는 그 이전의 고전학파 경제학과는 확연히 구별되는 새로운 경제학을 탄생시켰다는 평가를 받고 있지요.

물가 변화 요인

여러분, 혹시 케인지안 경제학이라고 들어 보셨나요? 케인지안 경제학이란 케인스의 경제학을 이어받아 이것을 더욱 발전시킨 경제학을 말한답니다. 나는 물가가 오르고 내리는 이유를 화폐 수량설로 해석하였지만, 케인지안 경제학은 물가 변화 요인을 화폐량의 변화에만 고정시켜서 보려 하지 않았습니다. 그렇다면 케인지안 경제학에서 말하는 물가 변화 요인에는 어떤 것들이 있는지 함께 살펴볼까요?

환율
환율은 외화 한 단위를 얻기 위해 지불해야 하는 자국 통화의 양으로, 자국 통화와 외국 통화의 교환 비율을 말합니다. 환율을 결정하는 제도로는 정부가 환율을 일정한 수준으로 고정시키는 고정 환율 제도와, 환율이 외환 시장에서 수요와 공급에 의해 결정되도록 하는 변동 환율 제도가 있습니다.

원가 요인

우선 물건을 만들어 내는 데 드는 비용인 생산 원가의 변동을 들 수 있습니다. 생산 원가는 원자재 비용, 환율, 임금, 이자, 세금 등에 의하여 결정되는데, 이 중에서 가장 중요한 것이 원자재 비용입니다.

특히 한국은 원자재의 많은 부분을 외국으로부터 수

입하여 들여오고 있기 때문에 해외 원자재 가격이 오르면 국내 물가도 큰 영향을 받게 된답니다. 과거 1970년대 두 차례에 걸쳐 국제 원유 값이 크게 올랐을 때 국내 물가도 이에 영향을 받아 크게 오르는 모습을 보였던 적이 있지요.

그리고 외국돈을 자국의 돈으로 바꿀 때 적용되는 환율이 변동할 때에도 물가에 영향을 주게 된답니다. 특히 수출과 수입의 비중이 큰 나라에서 그렇지요.

1달러짜리 물건을 수입한다고 생각해 볼까요? 1달러에 1,000원 하던 환율이 1달러에 1,100원으로 오르면, 달러로 표시한 수입 원자재 가격 1달러는 변하지 않더라도 원화로 바꾼 가격은 1,000원에서 1,100원으로 10%나 상승하게 됩니다. 환율이 수입 품목의 물가를 올리는 원인이 된 것이지요.

반대로 환율이 떨어지면 어떨까요? 환율이 떨어지면 수입 원자재의 원화 가격이 낮아지기 때문에 물가를 떨어뜨리는 효과가 나타납니다. 따라서 환율의 변동도 물가에 영향을 준다고 할 수 있습니다.

생산 원가에서 큰 몫을 차지하는 임금의 경우는 어떨까요? 임금이 물가에 미치는 영향은 근로자가 얼마나 많은 생산을 하는가에 따라 달라집니다.

임금이 오르더라도 근로자 1인당 생산량이 훨씬 더 많이 늘어나면 물건 하나를 만드는 데 들어가는 임금 비

교과서에는

제품 가격이 올라 가격 경쟁력이 떨어지면 제품 수출이 어려워집니다. 수출 저하로 생산 규모가 축소되면 근로자들이 일자리를 잃게 됩니다. 그러므로 임금은 노동 생산성의 증가를 반영하여 인상하는 것이 바람직합니다.

용이 오히려 줄어들게 되므로, 이것은 기업의 제품 가격을 내릴 수 있는 요인이 됩니다. 그러나 임금이 오르더라도 근로자 1인당 생산량이 이것보다 더 적게 늘어나면 상품 1개당 임금 비용은 오히려 늘어나게 되어 제품 가격이 오르게 되지요.

결국 임금도 물가를 올리는 요인이 됩니다.

수요 측과 공급 측 요인

물가를 움직이게 하는 또 다른 요인으로 상품에 대한 수요와 공급이 서로 맞지 않는 경우를 들 수 있습니다. 즉, 사려는 사람은 많은데 팔 물건이 모자랄 경우에는 물가가 오르게 되고, 반대로 팔려는 물건은 많은데 사려는 사람이 적으면 물가는 떨어지게 되지요.

보통 홍수나 태풍과 같은 자연 재해가 온 뒤에 농수산물 가격이 급등하는 것을 쉽게 볼 수 있습니다. 여러분도 이런 경험은 한 번쯤 해 봤을 거예요.

어느 겨울인가 심각한 구제역 때문에 많은 사람들이 설날에도 고향에 가지 못했던 것을 다들 기억하고 있나요? 그때 수많은 소와 돼지를 도살 처분했었지요. 아마 그때 많은 친구들이 맛있는 고기를 마음껏 먹지 못했을 거예요. 소고기와 돼지고기의 공급이 줄어들어 고기를 파는 사람보다 사려는 사람이 많아지면서 가격이 크게 올랐기 때문이지요.

구제역

구제역 바이러스에 의해 발굽이 두 개인 소나 돼지 등에 전염되는 급성 전염병입니다. 특별한 치료법은 없으며, 발병 시에는 검역을 하거나 감염된 소와 접촉된 모든 가축을 매장해야 합니다. 우리나라에서는 1934년에 처음 발생했습니다.

2011년 3월 일본에서 발생한 지진 해일로 후쿠시마의 원전 사태가 발생했던 것도 잘 알고 있죠? 이 원전 사고로 인해 방사능이 유출되면서 일본의 수산물에 대한 수요가 급격히 줄어들게 되었습니다. 그런데 일본의 방사능 유출로 한국의 무 가격이 하락했다고 합니다. 왜 그럴까요?

주로 횟집에서 음식을 낼 때 예쁘게 장식하기 위해서 무채를 사용하는데, 수산물의 수요가 줄어들자 보완재인 무의 수요도 같이 줄어든 것이죠. 즉, 사는 사람은 없는데 팔고자 하는 사람은 많아서 물가가 하락한 것입니다.

그리고 원유, 철강과 같은 주요 원자재가 순간적으로 부족해지면 수요에 비해서 공급이 크게 부족해지게 됩니다. 이때 원자재 가격이 상승하게 되면 그 영향이 나라 경제 전체에 파급되어 물가를 크게 올리는 요인이 되지요.

또 어떤 것이 있을까요? 개인의 수중에 돈이 많아지면 씀씀이가 늘어나는 것과 마찬가지로, 나라 전체로 볼 때에도 돈의 양이 늘어나면 가계의 소비나 기업의 투자 등의 수요가 늘어나게 됩니다. 이때 이렇게 늘어나는 수요에 맞추어 국내의 공급이나 외국 물건의 수입이 늘어나면 물가는 변동하지 않지만, 그렇지 못하면 물가가 오르게 된답니다.

독일은 제1차 세계 대전을 치른 후 이를 수습하는 과정에서 돈을 마구 발행하였습니다. 시중에 돈이 많아지

후쿠시마의 원전 사태
일본 후쿠시마 제1 원자력 발전소에서 일어난 원자력 사고입니다. 2011년 3월 13일, 도호쿠 지방 태평양 앞바다에 발생한 규모 9.0 지진과 쓰나미로 인해 냉각 시스템이 고장 나면서 문제가 발생했지요. 이후 방사성 물질이 유출되어 사람들의 불안이 커지고 있습니다.

보완재
따로 소비할 때보다 함께 소비할 때 더 큰 만족을 얻게 되는 재화를 말합니다.

제1차 세계 대전
1914년 7월 28일부터 1918년 11월 11일까지 약 4년 4개월간 지속된 세계 전쟁입니다. 오스트리아가 세르비아에 선전 포고를 하면서 시작되었으며, 약 900만 명이 전사한 이 전쟁은 독일의 항복으로 끝이 났습니다.

면 사람들이 이 돈을 지출하면서 소비 수요와 투자 수요 등이 늘어나게 되는데, 전쟁으로 파괴된 경제의 공급이 이런 수요 증가에 따라주지 못하면서 물가가 오르게 되었지요. 결국 돈이 휴지로 사용되는 등 제구실을 하지 못하게 되었습니다.

이 경우는 수요 측 요인과 공급 측 요인이 결합되어 물가 상승이 발생되었다고 볼 수 있겠네요.

이제 두 번째 수업을 마칠 시간이 되었습니다. 케인스라는 걸출한 후배 경제학자에 의해서 나 어빙 피셔가 화폐 수량설 부문에 남긴 업적들이 그 빛을 많이 잃게 되었지만 통화주의라는 경제 이론이 등장한 이후 화폐 수량설이 다시 주목을 받게 된답니다. 그러니 화폐 수량설의 개념을 잘 정리해 두는 게 좋을 거예요. 그럼, 오늘 수업은 여기까지 하고 다음 시간에 다시 만납시다.

통화주의
화폐주의 또는 머니터리즘이라고도 합니다. 경제 활동을 위한 정책 수단 중 통화 정책이 가장 중요하다는 주장을 말합니다. 대표적인 통화주의자는 밀턴 프리드먼입니다.

선생님, 물가는 왜 오르락내리락 하는 건가요?

화폐 수량설에 따르면 그건 '돈' 때문이에요.

경제 내에 돈이 너무 많으면 물가가 오르고, 적으면 물가는 내린다는 것이지요.

16세기 유럽에 금과 은이 갑자기 늘자 물가가 폭발적으로 올랐습니다. 사람들은 화폐가 많다고 국부가 증가하는 것은 아니라는 사실을 깨닫게 되었지요. 화폐는 실물 부분을 감싸는 베일에 불과할 뿐입니다.

난 교환 방정식을 통해 화폐 수량설의 이론을 더욱 공고히 했지요.

$$M \cdot V = P \cdot T$$

장기에 통화량과 물가는 비례한다.

엉터리.

통화량과 물가 수준은 반드시 비례하지 않아요. 또 통화량이 물가에 미치는 변화를 설명하려면 생산량의 변화를 반드시 고려해야 돼요.

그렇게 단순한 게 아니라고!

음매 기죽어.

각국의 물가 비교

여러분 혹시 외국에 가 본 적이 있나요? 그렇
다면 외국에 있는 상점에서 우리 상점에 진열
된 것과 똑같은 상품이 있는 걸 본 적이 있나
요? 어땠나요, 한국에서 살 때와 비교했을 때
가격이 다르던가요? 갑자기 왜 이런 질문을 하
냐고요? 자국의 물가 수준이 다른 나라의 물가
수준보다 더 높은지 낮은지 살펴보기 위해서랍
니다.

각 나라의 물가 수준

한국의 물가 수준은 다른 나라와 비교하면 어느 정도일까요? 결론부터 말하면, 어떤 기준으로 비교하느냐에 따라서 답이 달라질 수 있습니다. 그럼, 여러 기관에서 각각의 기준에 따라 측정한 각국의 물가 비교 결과를 통해 물가가 어떻게 다른지 살펴보도록 하죠.

미국 사업 여행 소식지 기준

미국에서 발행되고 있는 사업 여행 소식지(Business Travel News)에 실린 내용을 보도록 합시다. 기업인들이 여행을 할 때 사용하게 되는 여행 경비를 기준으로 보면, 서울에서 하루를 지낼 때 드는 비용은 396달러로 미국 대도시를 제외한 세계 100대 도시 중에서 8위에 해당될 정도로 비쌌습니다.

여기서 체재비는 최고급의 특1급 호텔에서 머무는 미국인 사업가 기준으로 1일 숙박비, 식사비, 세탁비, 택시비 등 여러 비용들을 모두 합한 것을 말합니다. 이 기준에 따르면 러시아의 모스크바 1위, 영국의 런던 2위, 프랑스 파리 3위, 일본 동경 25위, 스위스 취리히 28위로 조사되었답니다.

유엔 직원들의 해외 출장비 지급 기준

그럼 국제기구인 유엔(UN) 직원들이 세계 각국에 출장을 갈 때 받는 일일 출장 수당을 기준으로 세계 각 대도시의 물가 수준을 비교해 보도록 하죠.

유엔에서 지급되는 해외 출장 수당(Daily Substance Allowance Rate : 2007년 3월 1일) 기준으로 보면 서울의 일일 체재비는 366달러로 매우 높은 것으로 조사되었습니다. 미국 뉴욕의 경우는 347달러, 일본 동경은 280달러였죠. 이 기준으로 보면 인도 방갈로르 425달러, 영국 런던 415달러, 러시아 모스크바 401달러 등의 수준이었습니다.

다국적 기업 주재원의 생활비 기준

그럼 다른 기준으로 비교해 보면 어떨까요? 국제 컨설팅 회사인 머서(Mercer) 사(社)가 다국적 기업의 주재원 생활비 산정 자료로 제공하는 주요 도시 물가(2006년 3월 기준)에 따르면, 서울의 물가는 비교 도시 144개 중 2위를 차지했습니다. 그 밖에 러시아 모스크바 1위, 일본 동경 3위, 홍콩 4위, 영국 런던 5위, 미국 뉴욕 10위, 프랑스 파리 15위 등의 순이었습니다.

경제 협력 개발 기구(OECD)가 비교한 물가 수준

마지막으로 경제 협력 개발 기구(OECD)에 따르면, 한국의 비교 물가 수준은 69(2002년 기준, OECD 회원국 평균=100)로 42개국(OECD 비회원국 포함) 중에서 중하위 집단에 속합니다.

OECD는 자체 통계 자료를 이용한 국가별 순위에 큰 의미를 부여하지 않고 다만 4개 그룹으로 구분하고 있지요. 이 비교 물가 수준에 따르면 한국의 물가 수준은 2002년 12월, 미국을 100으로 볼 때 68을 기록하여 30개 회원국 중에서 23위를 기록했습니다.

이후 이 지표는 상승세를 타고 2006년 12월에 95에 도달하였지만 여전히 23위를 유지하고 있습니다. 이 기준에 의하면 한국의 물가 수준은 비교적 낮은 수준을 유지하는 것으로 판단됩니다.

경제 협력 개발 기구
1961년 가맹국 18개국과 미국, 캐나다가 합쳐서 만든 세계적인 국제 기구 중 하나입니다. 우리나라는 1996년에 가입하여 29번째 회원국이 되었지요. 주로 경제 정책의 조정, 무역 문제와 산업 정책의 검토, 환경 문제, 개발 도상국의 원조 문제 등에 대한 일을 합니다.

OECD가 제시한 물가 수준별 국가 그룹

고물가 수준 국가(110 이상)	미국, 일본, 스위스, 노르웨이, 덴마크, 아이슬란드
중상위 물가 수준 국가 (90~109)	독일, 프랑스, 영국, 스웨덴, 아일랜드, 핀란드, 오스트리아, 벨기에, 네덜란드, 룩셈부르크
중하위 물가 수준 국가 (60~89)	**한국**, 캐나다, 이탈리아, 그리스, 스페인, 이스라엘, 호주, 뉴질랜드, 멕시코, 포르투갈, 슬로베니아, 사이프러스, 몰타
저물가 수준 국가 (60미만)	러시아, 터키, 헝가리, 폴란드, 체코, 불가리아, 루마니아, 라트비아, 크로아티아, 마케도니아, 에스토니아, 리투아니아

주 : OECD 회원국(30개국) 및 비회원국(12개국) 등 42개국 대상
출처 : OECD, Purchasing Power Parities and Real Expenditures, 2002 Benchmark Year, 2004.

물가 비교에 차이가 심한 이유

앞의 여러 가지 비교를 보면 조사 기관과 조사 품목에 따라서 그 결과가 상당히 다르게 나타나고 있음을 알 수 있습니다.

그렇다면 왜 이런 결과가 나타나는 걸까요? 그리고 왜 한국의 물가 수준은 다른 나라보다 더 높은 걸까요? 그건 다음의 몇 가지 이유 때문이라고 볼 수 있습니다.

첫째, 특급 호텔 숙박 및 식사, 골프장 이용, 고급 수입 자동차 대여 등은 주로 부유한 소수 계층 사람들이 이용하는 경우가 많습니다. 이런 특정 품목의 물가 수준은 선진국과 비슷하거나 이보다 높은 수준을 유지하고 있는 경우가 많지요. 그런데 선진국의 상위 소득 계층이 선호하는 특정 품목 및 서비스의 공급은 소득 수준이 낮은 나라에서는 제한적으로 이루어질 수밖에 없습니다. 그렇기 때문에 다른 품목 및 서비스에 비해 훨씬 높은 수준에서 물가가 형성되는 것입니다.

물가 수준을 조사할 때 이런 특정 부문에 치중된 적은 수의 비교 대상 품목만을 단순 평균하거나 서비스의 품질 차이를 고려하지 않을 경우 외국인들이 피부로 느끼는 체감 물가가 높게 나타날 가능성이 있습니다. 그래서 이런 고소득 외국인들이 주로 사용하는 품목을 중심으로 조사한 물가 수준은 선진국과 비교해서 높게 나타나는 것입니다.

둘째, 비교 대상 품목 수가 일정 수준 이상인 경우에도 특정 계층이 주로 사용하는 품목들에 대해 높은 가중치를 적용하면 물가 수준이 조사 기관에 따라 상당히 큰 격차를 나타낼 수 있습니다.

예로 소득 수준이 매우 높은 다국적 기업 임원의 소비 지출 구조를 반영한 머서사의 주요 도시 물가 비교(2006년 3월)를 보면, 서울의 물가는 비교 대상 도시 144개 중 2위로 매우 비싼 것으로 나타났습니다. 그러나 소득 수준이 아주 높다고 보기 어려운 UN이 파견하는 직원의 소비 지출을 반영한 소매 물가 지수(2006년 12월)의 경우에서는 173개 도시 중에서 20위를 차지하고 있지요.

이처럼 조사 기관이 임의로 정한 물가 조사 품목의 가중치 차이가 비교 물가의 차이를 가져오게 할 수도 있답니다.

셋째, 나라마다 사용하는 화폐가 다르다는 점도 생각해야 합니다. 각국의 화폐를 서로 바꿀 때 화폐 간의 교환 비율을 환율이라고 합니다. 환율은 물가 수준의 국가 간 비교에 이용될 수밖에 없어서 주로 달러 같은 공통 화폐로 환산된 개별 국가의 물가 수준에 상당한 영향을 주게 됩니다.

환율이 나오니까 너무 어렵게 느껴지나요? 그럼 여러분의 이해를 돕기 위해 예를 들어 볼게요. 2006년에 원화로 1,291원이었던 1달러가 2011년에는 929원으로 낮아졌다고 가정해 봅시다. 2006년에 10.000원짜리 설렁탕 한 그릇은 미국 달러로 7달러 75센트(=10,000÷1,291원)였지만 환율이 변해서 2011년에는 10달러 76센트(=10,000÷929원)가 됩니다. 2006년과 2011년 사이에 설렁탕 한 그

룻의 값은 10,000원으로 그대로 일지라도, 달러로는 설렁탕 한 그릇의 값이 7달러 75센트에서 10달러 76센트로 대폭 오른 셈이 되지요. 따라서 한국을 방문한 외국인은 한국의 물가가 크게 올랐다고 느낄 수 있습니다.

이처럼 자기 나라에서는 물건 값이 변하지 않았어도 달러와의 교환 비율인 환율이 변하면 달러로 표시한 가격이 변해서 물가도 변한다는 것을 알 수 있습니다.

환율 이야기가 나오니까 조금 복잡해 보이죠? 하지만 그렇게 어려운 이야기는 아니니까 너무 겁먹지 말고 다시 한 번 천천히 읽어보세요. 그리고 혹시 외국에 여행 갈 일이 있다면 물건을 사고 난 후에 여러분이 직접 외국 돈으로 지불해 보는 기회를 갖도록 하세요. 우리나라 돈으로 지불했다면 얼마를 내야 될까도 한번 생각해 보고요. 직접 경험해 보면 이 모든 것들이 아주 쉽게 이해될 거예요. 백번 듣는 것보다 한 번 해 보는 게 훨씬 나은 법이니까요!

왜 각국의 물가 수준은 다른가?

일물일가의 법칙

일물일가(一物一價)의 법칙이란 똑같은 상품은 어느 곳에서나 가격이 같아야 한다는 법칙을 말합니다. 이 법칙은 상품이 아무런 제약 없이, 그리고 짧은 시간에 어느 곳이든 자유롭게 이동할 수 있다는 전제 조건에서만 성립할 수 있답니다.

예를 들어 보겠습니다. 사과 한 개의 가격이 서울에서는 1,500원에 거래되고 있고, 부산에서는 1,000원에 거래되고 있다고 생각해 보세요. 그리고 앞서 말한 바와 같이 모든 상품이 아무런 제약 없이 자유롭게 이동할 수 있다고 가정해 봅시다. 그러면 누구든지 부산에서 사과를 1,000원에 사서 서울에서 1,500원에 팔아 사과 한 개당 500원의 이익을 보려고 할 것입니다.

결과적으로 어떤 일이 생길까요? 얼마 지나지 않아 서울과 부산의 사과 가격은 같아질 것입니다. 왜냐고요? 부산에서는 사과가 불티나게 팔려 사과 값이 오르고, 서울에서는 팔려는 사과가 갑자기 많아져 사과 값이 하락하기 때문이죠. 이것이 바로 동일한 상품은 동일한 가격에 거래된다는 일물일가 법칙의 내용입니다.

모든 상품은 아무런 제약 없이 자유롭게 이동 가능하다는 앞의 가정이 성립되면 미국, 일본, 한국, 중국 어디에서든 동일한 상품은 모두 동일한 가격에 거래되어야 마땅합니다. 일물일가의 법칙이 적용되니까요. 그리고 이 국가들은 모두 동일한 물가 수준을 보일 것입니다.

그런데 현실 세계에서는 그렇지 않다는 것을 우리는 앞의 물가 지수를 통해서 확인할 수 있었습니다. 왜 나라마다 물가 수준이 서로 다른 걸까요?

왜 선진국의 생활비는 높은가?

일반적으로 선진국의 생활비가 개발 도상국에 비해서 월등히 높다는 것은 잘 알려진 사실입니다. 이런 현상이 생기는 이유는 무엇일까요? 세 명의 경제학자의 의견을 통해 자세히 살펴볼게요.

미국의 경제학자 발라사(B. Balassa)는 경제를 수출 산업과 비수출 산업(내수 산업)으로 나누었을 때, 수출 산업은 주로 제조업이기 때문에 생산성 향상이 빠르게 이루어질 수 있다고 보았습니다. 가격을 크게 상승시키지 않으면서도 생산을 크게 늘리기 쉽다는 것이지요.

그렇다면 비수출 산업인 내수 산업은 어떨까요?

비수출 산업은 주로 서비스 산업이기 때문에 기계화나 자동화가 어려워 생산성 향상이 더디게 일어나기 마련입니다. 이발사의 머리 깎는 일, 요리사의 음식 만들기, 택시 기사의 운전하기 등 서비스 산업의 특성을 생각해 보면 왜 그런지 쉽게 이해가 될 거예요.

보통 수출 산업의 제품들은 전 세계 어느 곳에서든 가격이 비슷합니다. 하지만 서비스 산업 등과 같이 수출이 불가능한 산업, 즉 내수 산업의 제품 가격은 선진국이 개발 도상국에 비해서 월등히 높게 마련입니다. 따라서 이런 내수 산업의 가격차 때문에 선진국의 물가 수준은 개발 도상국에서보다 높아집니다.

한국에서도 지난 40여 년간의 고도 경제 성장 결과 생활비가 크게 올랐으며, 특히 수출재인 공산품 가격에 비해서 내수재인 서비스 가격이 더 크게 올랐음은 잘 알려진 사실이지요.

경제학자 크라비스(I. Kravis)와 립시(R. Lipsey)는 각 나라마다 부존자원이 다르기 때문에 물가 수준에 차이가 생긴다고 보았습니다. 선진국은 자본에 비해 노동력이 부족한 경우가 많아서 노동력에 지불되는 가격인 임금이 높지요. 결국 서비스 산업의 비중이 높은 내수 산업의 제품 가격이 높아져서 선진국의 전반적인 물가 수준이 높아지게 된다는 것입니다. 반대로 개발 도상국에서는 임금이 싼 내수 산업의 제품 가격이 낮기 때문에 선진국보다 물가 수준이 낮아지게 되지요.

부존자원
한 나라가 가지고 있는 모든 생산 요소를 말합니다. 최근에는 부존자원을 인적 자원, 자연적 자원, 사회 문화적 자원으로 구분하기도 합니다.

빅맥 지수와 라테 지수

세계 각국마다 통화 단위와 가치가 다르기 때문에 각국의 물가를 비교하기란 쉽지 않습니다. 그런데 어떤 나라에 가든지 똑같은 제품이 있다면 어떨까요? 크기·재료·품질 등이 표준화되어 있는 제품의 가격을 기준으로 하면 각국의 물가 수준을 비교하기가 좀 더 쉬워지겠죠? 이 방법을 이용하여 물가를 비교하는 대표적인 지수는 맥도널드사의 햄버거 가격을 비교하는 '빅맥 지수'와 스타벅스의 커피 가격에 기초해 작성되는 '라테 지수'입니다.

빅맥 가격으로 본 물가 비교

전 세계 120개국 매장에서 판매되고 있는 맥도널드의 햄버거 빅맥은 어디서나 맛과 모양이 동일합니다. 그러나 빅맥을 만드는 데 필요한 재료나 노동력은 판매되는 지역의 것이 사용되고, 맥도널드 매장의 임대료 또한 그 지역의 땅값에 따라서 천차만별입니다. 따라서 빅맥은 판매되는 지역마다 판매 가격이 다르게 결정됩니다. 판매 지역의 물가 수준이 빅맥의 가격에 반영되기 때문이지요.

영국에서 발행되는 경제 전문지 『이코노미스트(Economist)』는 1986년 이래 매분기마다 전 세계적으로 판매되는 맥도널드의 빅맥 판매 가격을 비교 분석하여 발표하고 있습니다.

다음의 표는 2007년 7월의 빅맥의 판매 가격을 보여 주고 있습니다. 빅맥 햄버거는 2007년 7월 중국에서 가장 싸게(개당 1.45달러), 스위스에서 가장 비싸게(개당 5.20달러), 우리나라에서는 미국과 거의 비슷한 가격(3.14달러)에 팔리고 있죠.

국가	현지 판매 가격	당시 환율	달러 환산 가격($)	배율
미국	3.14달러	–	3.14	1.00
아르헨티나	8.25페소	3.09	2.67	0.85
호주	3.45호주달러	1.17	2.95	0.94
브라질	6.90헤알	1.91	3.61	1.15
영국	1.99파운드	0.50	3.98	1.26
캐나다	3.88캐나다달러	1.05	3.68	1.17
중국	11.00위안	7.60	1.45	0.46
덴마크	27.75크로나	5.46	5.08	1.62
유로 지역	3.06유로	0.74	4.17	1.33
일본	280엔	122	2.29	0.73
말레이시아	5.50말레이달러	3.43	1.60	0.51
필리핀	85.00페소	45.9	1.85	0.59
스위스	6.30스위스프랑	1.21	5.20	1.66
태국	62.00바트	34.5	1.80	0.57
대한민국	2,900원	923	3.14	1.00

출처 : 『이코노미스트』

스타벅스 커피 가격으로 본 물가 비교

맥도널드 햄버거와 마찬가지로 전 세계 대도시에서 판매되고 있는 똑같은 품목이 또 있습니다. 바로 스타벅스 커피입니다. 빅맥처럼 스타벅스 커피점에서도 가장 많이 팔리는 아메리카노라는 품목의 커피 가격을 비교해서 그 나라의 물가 수준을 간접적으로 비교해 볼 수 있답니다.

한국 소비자원이 2008년 5월 세계 10개국의 스타벅스 커피 8종의 가격을 평균 환율로 비교할 때 서울의 스타벅스 커피 가격이 네 번째로 비싼 것으로 나타났습니다. 종류별로 보면 아메리카노(Tall/350ml)는 프랑스(4,060원), 독일(3,740원),

국가	가격	원화 환산 가격
일본	350엔	4,647원
프랑스	2.6유로	4,555원
독일	2.4유로	4,205원
홍콩	24홍콩달러	4,131원
중국	21위안	4,099원
싱가포르	4싱가포르달러	3,516원
영국	1.8파운드	3,512원
미국	2.5달러	3,335원
한국	3,300원	-
대만	80대만달러	3,160원

아메리카노(톨 사이즈), 환율은 2009년 4월 10일 기준

영국 (3,470원)에 이어 우리나라(3,300원)가 네 번째로 비싼 걸로 조사되었습니다. 이어 일본(3,260원), 홍콩(3,090원), 중국(3,010원), 싱가포르(2,940원), 대만(2,640원)의 순이었고, 미국·캐나다(2,280원)가 가장 낮은 걸로 조사되었지요. 스타벅스 커피점의 또 다른 인기 메뉴인 카푸치노(Tall/350ml) 또한 프랑스(7,180원), 독일(5,300원)에 이어 우리나라(4,300원)가 세 번째로 높았습니다.

물 가 변 화 에
울 고 웃 는 사 람 들

보통 평범하게 매달 받는 봉급으로 생활하는 사람들에게는 물가 상승은 괴로운 일입니다. 대개는 물가가 오르는 만큼 봉급이 오르지 않기 때문이지요. 그런데 땅을 많이 가지고 있는 사람들에게 물가 상승은 즐거운 일이 되는 경우가 많답니다. 물가가 오르면 자신들이 보유한 땅값도 덩달아 올라서 재산이 늘어나는 셈이니 어떻게 즐겁지 않겠어요. 이렇게 물가가 오르면 경제적으로 손해를 보는 사람도 있고 이익을 보는 사람도 있게 마련입니다. 자, 그럼 물가가 오르거나 내릴 때 구체적으로 어떤 경제적 이익과 손실이 있는지 함께 살펴볼까요?

수능과 유명 대학교의 논술 연계

2010년도 (9월) 평가원 경제 9번

2005년도 수능 경제 19번

물가 변화와 경기

일반적으로 물가는 적당히 완만한 속도로 오르는 것이 경기에 좋답니다. 바꿔 말하면 급격한 물가 상승은 경제 전반에 걸쳐 결코 좋은 일이 아니라는 말씀! 급격한 물가 상승은 경기를 침체시키기 일쑤죠.

예를 들어 기업의 경우, 물가가 완만히 상승한다면 하루, 이틀 시간이 지남에 따라 이익이 증가하게 됩니다. 왜냐고요? 기업은 우선 남의 돈을 빌려 원료도 사고, 기계 설비도 사고, 노동력도 사거든요. 대부분 만든 물건을 판 금액으로 물건을 만드는 동안에 빌린 돈을 갚아 나가는데, 완만한 물가 상승이 지속될 때 상품을 만들어서 팔면 시간이 지날수록 생산 비용보다 최종 판매액이 늘어나는 구조가 만들어집니다. 그리고 이것은 대부분 기업의 이익으로 직접 연결되지요.

이익이 늘어나니까 생산이 늘어나고, 생산이 증가하니까 고용이 증가하고, 그러다 보니 실업률이 감소하면서 임금 상승률은 올라가게 됩니다. 고용 시장에서 사람이 부족해져 점점 몸값이 올라가는 것이죠. 이런 식으로 물가가 올라가면서 경제가 좋아지고 사람들의 씀씀이도 늘어나게 된답니다.

간단히 정리해 볼까요. 완만한 물가 상승 → 기업의 이익 증가 → 생산 활동 증대 → 고용 시장의 활성화 → 실업률 감소의 연쇄 반응이 일어나게 된다는 말씀!

금리
빌려 준 돈이나 예금 등에 붙는 이자 또는 그 비율을 말합니다. 금리의 조절은 한국은행에서 하고 있습니다.

그러면 물가와 금리의 관계는 어떻게 될까요? 물가가 상승하면 결국 금리는 오르게 되어 있답니다. 왜일까요? 급격한 물가 상승은 경제 전반에 악영향을 끼치기 때문에 정부는 물가가 오를 것 같아 보이면 이를 진정시키기 위해서 고금리 정책을 펼치거든요.

금리가 상승하면 시중에 풀려 있던 자금들이 이자 수익을 노리고 은행에 몰려들게 될 것입니다. 그러면 그만큼 시중의 통화량이 줄어들기 때문에 물가가 뛰는 것을 어느 정도는 막을 수 있지요.

또 다른 측면에서 살펴볼까요? 하루가 다르게 물가가 상승하게 되면 소비자는 물가가 더 오르기 전에 빨리 물건을 사 두려고 할 것입니다. 은행에서 돈을 빌려서라도 상품을 구입하려고 하겠죠. 돈을 빌리려는 사람이 많아지면 결국 수요와 공급의 논리에 의해서 금리는 오를 수밖에 없답니다.

그렇다면 반대의 경우에는 어떨까요? 언뜻 생각하면 가격이 싸지니까 서민들에게 좋을 것 같지만, 경제 전반에 걸쳐 본다면 물가 상승보다 더 나쁜 것이 물가 하락이 될 수 있습니다.

기업의 경우 물가가 하락하게 되면 하루 이틀 시간이 경과함에 따라 손해가 증가하게 됩니다. 그러면 하루라도 빨리 상품을 팔기 위해 생산 원가에도 못 미치는 낮은 가격으로 판매를 할 수 밖에 없겠죠. 고용주 입장에서는 가능하면 공장을 돌리고 싶지 않을 겁니다. 생산 라인을 가동하지 않는 것이 돈을 버는 일이 되기 때문이죠.

결국 기업은 굳이 은행돈을 빌려가면서까지 투자를 하고 생산을 늘릴 필요가 없게 됩니다. 공장이 돌지 않으니 생산이 줄고 더불어 고용도 줄어들게 되지요. 고용 시장에 사람이 남아도니까 임금 상승률도 하락하게 된답니다.

그러면 물가 하락과 금리의 관계는 어떻게 될까요? 물가가 계속 하락한다면 소비자는 굳이 오늘 물건을 살 필요가 없겠죠. 기다리면 기다릴수록 더 싼값에 물건을 살 수 있으니 말입니다. 소비자는 돈을 굴려서 더 큰 이자 수익을 얻으려고 할 테니 결국 은행으로 자금이 몰리게 됩니다. 은행에 예금이 늘어나면 수요와 공급의 원리에 의해 금리는 떨어지게 되겠죠.

인플레이션과 디플레이션

물가 수준은 고정되어 있지 않고 계속 변화하는 것이 일반적입니다. 가격은 수요와 공급이 변화함에 따라서 계속적으로 변하며, 가격들의 집합인 물가 역시 계속적으로 변하게 되지요. 이때 물가 수준이 지속적으로 상승하는 현상을 인플레이션(inflation)이라고 합니다. 인플레이션이란 '바람을 넣다', '부풀게 하다(inflate)'에서 유래된 말이랍니다.

옛날에 소를 팔러 가는 상인들이 소금으로 절인 마른 풀을 소에게 잔뜩 먹였다고 해요. 평소보다 물을 많이 먹은 소는 실제보다 더 살쪄 보여서 결국 더 비싸게 팔렸죠. 이것을 인플레이션이라고 했답니다. 그렇다면 디플레이션(deflation)은 무엇일까요?

"선생님, 디플레이션도 인플레이션처럼 플레이션이라는 단어가 들어가네요?"

"어, 정말이네! 선생님, 그럼 디플레이션도 인플레이션과 비슷한 뜻을 갖고 있나요?"

하하, 디플레이션의 의미는 전혀 다르답니다. 디플레이션은 인플레이션의 반대 개념이니까요. 디플레이션은 재화나 서비스 가격, 즉 물가 수준이 지속적으로 하락하는 현상을 말한답니다.

세계적으로 가장 대표적인 디플레이션은 1930년대 미국의 대공황기에 찾아왔는데 1930년부터 1933년 사이에 물가가 연평균 10%씩 급격히 떨어졌지요. 일본도 1990년대 초 이후 10년 이상의 긴 디플레이션을 경험했답니다. 홍콩 역시 1997년 아시아 금융 위기 후유증으로 2004년까지 긴 디플레이션을 겪은 적이 있고요.

그렇다면 이같이 물가가 지속적으로 오르기만 한다든지, 아니면 지속적으로 내리기만 하면 우리의 경제생활에 어떤 영향을 줄까요? 먼저 물가가 지속적으로 상승하는 인플레이션의 경우부터 살펴보겠습니다. 그런데 인플레이션은 예상되는 경우와 예상하지 못하는 경우에 따라 그 영향력이 조금씩 다르게 나타난답니다.

인플레이션이 예상되는 경우

미래의 인플레이션을 완벽하게 예상할 수 있다면 인플레이션 때문에 경제 활동이 왜곡될 가능성은 크게 줄어들 것입니다. 모든 경제 주체들이 인플레이션을 예상하고 이에 미리 대처할 것이기 때문이죠.

예를 들어 볼게요. 앞으로 1년간의 물가 상승률이 5%로 예상된다면, 근로자들은 미리 자신들의 임금도 5% 인상시켜 달라고 고용주에게 요구하겠지요. 돈을 빌려 주려는 사람의 경우에도 물가 상승률 5%만큼 1년 후에 돈의 가치가 하락할 테니까 이를 미리 예상하고 돈을 빌려 줄 때에 이자율을 5% 더 올리려 할 것입니다.

소비나 투자의 경우는 어떨까요? 이 경우에도 물가 상승이 사전에 정확히 예상될 수 있다면 이에 맞도록 미리 자신의 행동을 조절하겠지요. 결과적으로 물가 상승으로 인해서 나타나는 예상 밖의 큰 피해는 보지 않을 것입니다.

하지만 예상된 인플레이션도 다음의 몇 가지 손실은 피할 수 없을 것입니다.

첫째, 인플레이션이 예상될 경우 사람들은 가능한 현금을 보유하지 않으려 할 것입니다. 인플레이션만큼 현금의 가치가 낮아지기 때문이지요. 물가가 오른 만큼 현금으로 살 수 있는 물건의 양이 적어지니 현금의 가치는 낮아진다고 볼 수 있습니다. 따라서 사람들은 아무 소득이 없는 현금을 보유하기보다는 이자 소득이 발생하는 예금을 늘리려 할 것입니다. 그렇게 되면 사람들은 현금이 필요할 때마다 더 자주 은행을 찾겠지요.

이처럼 화폐를 덜 보유하기 위해서 은행을 자주 방문하게 되면 교통비를 포함한 여러 가지 비용이 발생하게 됩니다. 이때 발생하는 모든 비용을 통틀어서 '구두창 비용(shoe leather cost)' 즉, 신발이 닳아서 생기는 비용이라고 하지요.

둘째, 앞으로 발생될 인플레이션을 경제 활동에 반영하는 과정에서도 비용이 발생할 수 있습니다. 예를 들어 인플레이션으로 모든 물가가 오르면 정부도 살림살이를 꾸려 가기 위해 더 많은 돈을 필요로 하게 됩니다. 그러면 국민들로부터 세금도 더 많이 받아야 하는데, 이때 세금에 관한 법률을 모두 수정해야 하는 아주 번거로운 절차가 필요하게 되지요. 이런 번거로운 일들은 우리 사회가 지불해야 되는 비용이 됩니다.

이러한 사례는 정도의 차이는 있지만 정해진 금액 기준으로 결정되는 모든 계약에 적용됩니다. 예를 들어, 하루가 다르게 물가가 상승한다면 그때마다 노사 협의를 통해 임금 인상을 결정해야 하는데, 이는 무척 번거로운 일이 아닐 수 없겠지요. 이런 것도 예상된 인플레이션이 가져오는 일종의 사회적 비용이 됩니다.

셋째, 인플레이션이 예상되면 기업과 상인들은 물가 상승에 맞추어 가격표를 자주 바꿔야 할 필요가 생깁니다. 가격 변화에 대한 정보를 수집하고 상점에 진열된 판매 가격표를 새로운 가격으로 교체하는 데에도 비용이 들게 되지요. 이런 비용을 통틀어 '메뉴 교체 비용(menu cost)'이라고 부른답니다.

이렇게 예상될 수 있는 인플레이션은 비교적 작은 규모의 비용을 발생시킵니다. 그러나 예상되지 못한 인플레이션의 경우 발생되는 손실은 이보다 더 심각하답니다.

인플레이션이 예상되지 못하는 경우

예상하지 못하게 물가가 오르면 소득과 부의 분배가 불평등하게 되고 기업의 경영 활동이 불건전해지는 등 전체적으로 경제의 안정성이 떨어지게 됩니다. 그러면 근로자나 경영자 모두 열심히 일할 의욕이 크게 떨어지겠지요. 구체적으로 한번 살펴볼까요?

평범한 사람들의 실질적인 소득이 줄어들면서 빈익빈 부익부 현상이 발생하게 된답니다. 물가가 오르면 엄

> **빈익빈 부익부**
> 빈익빈은 가난할수록 더욱 가난해짐을, 부익부는 부자일수록 더욱 부자가 됨을 뜻합니다.

마들은 장보기가 겁난다거나 만 원짜리 한 장으로는 살 것이 없다고 불평합니다. 이는 예상하지 못하게 물가가 지속적으로 오르면서 일정한 돈으로 시장에서 살 수 있는 물건의 양이 줄어들게 되기 때문입니다. 여러분도 학용품 값이나 간식비가 갑자기 오를 때 실질적으로 용돈이 줄어든 것 같은 경험을 해 본 적이 있을 거예요.

또한 은행 예금을 가지고 있는 사람들은 물가가 오르면 돈의 가치가 떨어져서 손해를 보게 됩니다. 집 없는 서민들도 집값이 오르면 내 집 마련이 더욱 어렵게 되어 상대적으로 더욱 가난해지게 되지요. 반면에 인플레이션이 지속되면 건물이나 토지와 같은 부동산 소유자는 부동산 가격이 올라 상대적으로 더욱 부유해지게 된답니다.

이처럼 물가 상승은 소득과 부의 분배를 더욱 불평등하게 만들지요. 즉, 인플레이션이 계속되면 부유한 사람은 더욱 부유해지고, 가난한 사람은 더욱 가난해지는 결과를 가져옵니다.

그리고 예상하지 못하게 물가가 지속적으로 오르면 소비가 늘고 저축은 줄어들게 됩니다. 물가가 오르면 저축한 돈의 실질적 가치가 떨어지고, 물건 값이 더 오르기 전에 물건을 미리 사 놓는 것이 좋다고 생각하기 때문이죠.

일하는 사람들에게 예상하지 못한 인플레이션은 어떤 영향을 미칠까요? 물가 상승이 지속되면 근로자들 급여의 실질적 가치는 줄어드는 반면 부동산 가격은 크게 올라 주위에 갑자기 부자가 된 사람들이 많아지게 됩니다. 이렇게 되면 근로자들은 자신의 급여가 상

대적으로 적다고 느끼게 되어 일할 의욕을 잃게 되겠지요. 옆집은 땅값이 올라서 갑자기 부자가 되었는데 그걸 보고도 적은 월급을 받으면서 묵묵히 열심히 일할 기분이 나겠습니까? 자연스럽게 일할 맛이 사라지겠죠.

그렇다면 회사의 경영자나 기업에는 어떤 영향이 있을까요? 예상하지 못하게 물가가 지속적으로 오르면 기업의 경영 활동은 불건전해진답니다.

현재 1,000원 하는 물건의 가격이 1년 후에 1,200원으로 오른다고 가정해 보세요. 이 경우 돈을 빌려서 물건을 미리 사 놓으면 그만큼 유리하겠죠. 1년 후에는 물건 값이 오를 것이 확실하기 때문입니다. 돈을 빌려서 무언가를 사 놓으면 돈을 쉽게 벌 수 있기 때문에 누구나 돈을 빌리려 할 것이고, 기업들도 가급적이면 많은 돈을 빌려서 무엇이든 미리 사 두려는 외형 확대 위주의 경영 행태를 보이게 되겠죠. 그러면 전반적으로 경제 전체가 과도한 빚을 지는 경향이 높아질 것입니다. 게다가 물가가 상승할 때에는 기업들이 사 놓은 원자재나 만들어 놓은 제품도 가격이 올라 이득을 볼 수 있으므로 생산 원가를 낮추거나 품질을 높이려는 노력을 게을리 하기 쉽답니다.

또한 은행에서 빌린 돈으로 부동산을 사 놓으면 손쉽게 큰 이익을 남길 수 있게 되므로 기업 본연의 생산 활동에 역량을 집중시켜 기업을 건전하게 키워 나가기보다 부동산 투기나 재테크에 치우쳐 결과적으로 기업의 체질이 허약해지게 되지요.

재테크
'재무'와 'technology'의 합성어입니다. 보유 자금을 효율적으로 운용하기 위해 유가 증권에 투자하여 배당과 이자 수입 등을 통해 수익을 높이는 활동을 말합니다.

"선생님, 예상하지 못하는 인플레이션이 발생할 때 전체적으로 좋은 일보다 나쁜 일이 더 많은 것 같아요."

"그러게요. 이렇게 되면 경제 전체적으로도 안 좋은 일이 발생하지 않을까요?"

우리 모음이가 아주 좋은 지적을 해 주었네요. 예상하지 못하게 물가가 오르면 경제의 안정성이 떨어지게 된답니다. 예상하지 못한 인플레이션이 지속적으로 발생하면 미래에 대한 불확실성이 커지기 때문이지요. 앞날을 정확히 예측하기 어려워지면 무언가 장래를 위한 계획을 세우기 어려워집니다. 때문에 경제의 불확실성은 경제적 의사 결정이나 경제 활동에서 먼 미래를 내다볼 수 없게 하고, 결국 우리는 가까운 장래에 꼭 필요한 일만 처리하려고 할 것입니다.

소비자는 앞으로 자신의 실질적인 소득이 어떻게 될지 모르는 상황에서 계획적인 소비를 하기가 어려워지겠지요. 집을 사기 위해서 열심히 저축을 하려 해도 장차 집값이 얼마나 오를지 알 수 없게 되니까요. 결국 장기적인 계획을 세워서 열심히 저축하려는 마음이 없어질 것입니다.

기업들은 공장 부지나 건물 등 보유 자산의 향후 가치가 어떻게 변할지 불투명하게 되어 장기적으로 길게 내다보고 결정해야 하는 투자를 망설이게 되겠지요. 돈을 관리할 때에도 장기보다는 단기로 자금을 운용하려 할 것입니다. 결국 금융 시장은 잠재적 불안 속에 빠지게 될 것입니다. 미래가 불안하면 경제 내에서 돈의 흐름이 원활하게 흐르지 못하니까요.

디플레이션은 좋은 것인가?

"선생님, 디플레이션은 인플레이션의 반대말로 물가가 지속적으로 하락하는 현상이잖아요. 그렇다면 물가 하락은 좋은 일이 아닌가요? 소비자는 물건을 싸게 살 수도 있고요."

"맞아요. 물가가 하락하면 반대로 화폐의 가치가 높아지니까 사람들의 소비가 늘어나지 않나요?"

네, 우리 자음이와 모음이 말처럼 정해진 월급으로 더 많은 물건들을 살 수 있게 되니까 디플레이션은 좋은 것이라고도 볼 수 있어요. 케인스 이전의 고전학파 경제학자들도 이런 디플레이션을 통해서 경제가 침체로부터 회복될 수 있다고 보았지요. 즉, 디플레이션은 경기 침체와 함께 나타나는 아주 자연스런 경제 현상이라는 거예요.

그러나 1930년대 대공황기를 경험하면서 디플레이션은 단순한 가격 하락 이상의 의미를 우리에게 알려 주었습니다. 보통 물가의 하락은 소비의 증가를 가져와 경제에 득이 됩니다. 하지만 디플레이션처럼 광범위하고 지속적인 물가 하락일 경우에는 경기 침체가 심화되면서 자산이나 상품 가격이 지속적으로 하락해 경제 전체에 큰 영향을 미친답니다. 디플레이션이 경제에 치명적인 이유를 크게 네 가지로 요약해 볼게요.

첫째, 물가가 계속 떨어질 것으로 예상될 경우 사람들은 소비를 미루게 됩니다. "내가 왜 지금 물건을 사야 하지? 좀 더 기다리면 더 싸게 살 수 있을 텐데."라고 생각하기 때문이죠. 또한 상품 가격이 떨어져 수익이 나빠질 것으로 예상하는 기업들은 투자를 줄이게 됩니다. 이 같은 지출의 연기는 경기 하강과 물가 하락을 더욱 가속화합니다. 경제 내에서 당장 물건이 안 팔리기 때문입니다.

둘째, 경기가 부진하고 물가가 계속 떨어질 경우 기업은 생산을 감축하고 일자리를 줄이려고 합니다. 이로 인해 일자리를 잃은 실업자들이 많아지면, 돈을 벌 수 없게 된 근로자들의 가계 소득은 더욱 줄어들겠지요. 이것은 다시 이들의 소비를 위축시켜 경제 전체의 경기와 물가 하락은 더욱 심해지게 됩니다.

셋째, 디플레이션으로 물가가 하락하면 돈을 빌려 주고 빌려 받을 때 주고받는 이자율의 계산이 약간 복잡해집니다. 이 부분을 설명하기 위해서는 우선 인플레이션율과 명목 이자율의 상관관계를 나타내는 나의 이론, 피셔 효과에 대해서 이야기해야겠군요.

나는 이자에 관한 이론을 연구하면서 명목 이자율은 실질 이자율과 인플레이션율의 합이라고 표현하였습니다. 식으로 나타내면 다음과 같아요.

$$명목\ 이자율 = 실질\ 이자율 + 인플레이션율$$

이 식에서 실질 이자율이 변하지 않게 하기 위해서는 어떻게 하면 될까요?

"실질 이자율이 변하지 않아야 한다면…… 인플레이션율이 변하면 되나요?"
"아니야, 명목 이자율이 변해야 할 것 같아!"

자음이, 모음이 두 친구 모두 맞아요. 실질 이자율이 변하지 않기 위해서는 인플레이션율이 변동함에 따라 명목 이자율도 똑같은 비율만큼 변하면 됩니다.

중앙은행이 통화량의 증가율을 높이면 교환 방정식과 화폐 수량설의 원리에 따라 인플레이션의 증가율이 높아지고, 인플레이션율이 증가함에 따라 명목 이자율의 증가율도 높아집니다. 그렇다면 명

명목 이자율을 낮추려면 인플레이션의 기대 심리를 자극하지 않는 범위 내에서 통화를 조절하여 실질 이자율을 하락시키면 됩니다.

명목 이자율
= 실질 이자율 + 인플레이션율
예를 들어 명목 이자율이 14%라고 할 때 예상되는 인플레이션율이 연 7%라고 하면 실질 이자율은 7%에 해당합니다.

목 이자율이 상승한다고 할 때 그 원인은 어디에 있다고 볼 수 있을까요?

"실질 이자율이 상승하면 명목 이자율이 오를 것 같아요."
"선생님, 인플레이션율이 올라도 명목 이자율이 오르지 않나요?"

맞습니다. 명목 이자율의 상승 원인은 실질 이자율의 상승 때문일 수도 있고, 앞으로 인플레이션이 높아질 것이라는 예상 때문일 수도 있지요. 이게 바로 피셔 효과랍니다.

자, 그럼 이 피셔 효과를 변형해서 디플레이션에 응용해 볼까요? 이해하기 쉽게 예를 들어 볼게요.

물가가 변하지 않을 때 100만 원을 1년간 빌려 주면 10만 원의 이자를 받을 수 있다고 생각해 봅시다. 즉 100만 원을 빌려 주면 1년 후에는 원금과 이자를 합해서 모두 110만 원을 받을 수 있지요. PC 1대의 가격이 100만 원이라고 할 때, 1년 후에 원금과 이자로 돌려받은 110만 원으로 PC를 사면 어떻게 될까요? PC 1대를 사고도 10만 원이 남겠지요. 그런데 1년 동안에 PC 1대당 가격이 95만 원으로 내려가면 어떻게 될까요?

"이때는 PC 가격이 95만 원이니까 110만 원으로 PC 1대를 사면 15만 원이 남겠네요."

"PC 가격이 내려가니까 이자가 15만 원으로 늘어났어요."

수업이 진행될수록 경제를 이해하는 여러분의 실력이 늘고 있는 것 같습니다. 네, 이렇게 물가가 내리면 이자가 늘어나는 셈이 된답니다. 돈 100만 원을 빌려 주었다고 생각한 경우에는 이자가 10만 원이지만, PC 1대 값을 빌려 주었다고 생각하면 이자는 15만 원이 됩니다. 자, 그럼 이것을 식으로 정리해 볼까요?

돈 100만 원을 빌려 주고 받은 이자 10만 원을 우리는 명목 이자라고 하고, PC 1대 값을 빌려 주고 받은 이자 15만 원을 실질 이자라고 합니다. 그러면 명목 이자 10만 원과 실질 이자 15만 원 사이의 관계는 다음과 같이 되겠지요.

명목 이자(10만 원) + PC 가격 하락폭(5만 원) = 실질 이자(15만 원)

이제 이 식에서 명목 이자, 실질 이자, PC 가격 하락폭 모두를 100만 원으로 나누어 보면 위의 식은 다음과 같이 됩니다.

명목 이자율(10만 원/100만 원=10%) + PC 가격 하락률(5만 원/100만 원=5%)
= 실질 이자율(15만 원/100만 원=15%)

PC 가격이 더 많이 떨어져서 PC 가격 하락률이 커질수록 실질 이자율은 더 커지겠지요. 우리가 편의상 예로 든 PC 가격을 모든 상품의 가격 수준을 의미하는 물가로 바꾸어 생각해 보면 위의 식은 다음과 같이 쓸 수 있습니다.

명목 이자율 + 물가 하락률(디플레이션율) = 실질 이자율

디플레이션이 심각해질수록 실질 이자율 수준은 그만큼 더 높아지게 됩니다. 돈을 빌린 대가로 지불하는 실질 이자율이 높아지면

사람들은 그만큼 은행에서 대출 받기를 꺼리게 되고 돈도 덜 쓰게 된답니다. 그러면 시중에 돈이 잘 돌지 않게 되어 경제 사정은 더욱더 나빠지겠지요. 디플레이션으로 돈이 순환하는 금융 시장은 위축되고 경제는 그만큼 어려워지게 되는 것입니다.

넷째, 부채의 부담이 늘어나게 됩니다. 우리가 돈을 빌릴 때 나중에 갚아야 할 금액은 그동안의 물가 변화와 관계없이 일정한 액수로 정해집니다.

예를 들어 볼게요. 이자로 10%를 주기로 하고 1년간 100만 원을 빌렸다고 해 봅시다. 그러면 물가가 아무리 많이 오르고 내려도 1년 후에는 반드시 원금과 이자를 합해서 110만 원을 갚아야 합니다. 이때 물가가 하락하면서 돈의 가치는 높아지지만, 갚아야 할 돈과 이자는 물가의 하락과는 상관없이 일정한 액수로 정해지기 때문에 물가를 감안한 실질적인 부채의 부담은 늘어나는 것이지요.

보통 집값은 어느 나라에서든 비싸게 마련입니다. 그래서 집을 살 때는 은행에서 집값의 일부를 빌리게 되는데요. 은행은 돈을 빌려줄 때 빌린 돈을 갚지 못할 경우를 대비해서 빌린 돈으로 산 집을 담보로 잡는답니다. 빌린 돈을 갚지 못하게 되면, 은행은 담보로 잡은 집을 팔아서 빌려 준 돈을 돌려받게 되지요. 이렇게 은행에서 돈을 빌려 주는 제도를 주택 담보 대출이라고 합니다.

실제로 2008년 미국에서 주택 담보 대출을 받아 집을 장만했다가 전 세계적인 금융 위기와 함께 집값이 폭락해 집을 차압 당한 사람들이 많이 있었습니다. 은행은 주택을 담보로 돈을 빌려 주는데, 집값이 하락하면 담보 가치가 낮아 차입자들에게 주택 담보 대출금을 돌려달라고 요구하게 됩니다. 차입자들이 대출금을 갚지 못하면 은행이 담보 주택을 강제로 팔고, 그 돈으로 대출금을 회수하지요. 이 과정에서 주택 담보 대출을 받은 차입자는 집을 빼앗길 수밖에 없는 무시무시한 일을 겪게 된답니다.

디플레이션은 물가가 하락하니 좋을 것 같지만, 경제 전체로 보았을 때 디플레이션이 오래 지속되면 오히려 경제에 치명적인 영향을 끼칠 수 있는 무서운 경제 현상이라고 볼 수 있습니다. 디플레이션은 빚이 많은 사람들에게는 사형 선고와 같이 절망적인 결과를 가져온 다는 점을 명심해야 합니다.

D의 공포

가장 두려운 디플레이션은 무리하게 빚을 내서 구입한 부동산이나 주식의 자산 가격이 폭락하면서 발생되는 물가 하락입니다. 나는 이것을 '부채-디플레이션(debt-deflation)'이라고 불렀습니다. 내가 이름을 붙인 많은 경제 용어 중에 하나이지요.

부채-디플레이션이 악순환에 빠지는 이유는 이렇습니다. 경제가 호황 국면 막바지에 이르면 사람들은 부채를 갚기 위해서 그동안 가격이 충분히 오른 자산을 팔려고 합니다. 이 과정에서 오랜 자산 가격의 상승 기간 이후에 나타나

호황
경기(景氣)가 좋은 상황을 말합니다.

는 갑작스런 자산 가격의 하락이 동일한 자산을 보유한 다른 사람들을 놀라게 한답니다. 다들 돈을 벌 수 있다고 해서 남들 따라 빚내서 샀는데 가격이 떨어져 손해 볼 일을 생각하면 등골이 오싹하겠지요. 그래서 이들은 가격이 더 떨어지기 전에 급히 보유 자산을 처분하려 할 것입니다. 이때 갑자기 팔려는 사람만 많고 사려는 사람은 없으므로 자산 가격은 폭락으로 이어지고, 자산 보유자들은 공포심에 휩싸이게 됩니다.

자산 가격이 폭락하면 보유 자산을 모두 팔아도 부채를 갚을 수 없는 경우가 여기저기서 나타나게 되지요. 이렇게 누가 파산할지 모르는 상황에서는 자금을 빌려 주려는 사람도 없습니다. 결국 금융 시장은 마비 상태가 되고, 일부 금융 기관들도 지급 불능 상태에 빠지게 된답니다. 자금을 빌려 준 사람도 자금을 빌린 사람도 모두 아수라장에 빠지게 되는 것이지요.

자금 구하기가 하늘에서 별 따기만큼 어려워지면서 자금 시장에서 돈의 흐름은 급속히 위축됩니다. 경제 호황기에 시중에서 유통되던 그 많던 자금이 갑자기 자취를 감추게 되면, 사람들은 "아! 그 많던 돈들이 다 어디에 간 거야?" 라고 불만을 터뜨리게 되지요. 이것이 실물 경제 침체와 물가 하락의 확산으로 이어지고, 실질 부채 부담이 더욱 커진 채무자는 소비를 줄이고 저축을 늘리는 등 부채를 갚기 위해 더욱 노력하게 된답니다. 이로 인해서 또다시 실물 경제 침체와 물가 하락이 더욱 확대되는 악순환에 빠져들게 되지요.

부채의 실질 가치는 시간이 지나면서 급격히 높아져 가고 돈 벌

기는 점점 더 어려워집니다. 호황기에 자금을 차입해 투자를 확대했던 기업들과 투자자들이 빚을 갚지 못해서 파산하는 경우가 계속되면서, 실물 경제는 더욱 침체하고 물가는 계속해서 떨어질 겁니다. 채무자들은 빚을 갚기가 더욱더 어려워지지요.

이 과정에서 기업들이 연쇄적으로 파산하고, 이들에게 돈을 빌려주었던 은행들도 파산할 위험에 직면하게 된답니다. 결국 실물 경제와 금융 시장은 마비 상태로 빠져들게 되죠. 이 과정이 바로 내가 누누이 지적했던 부채-디플레이션입니다.

1929년 미국의 대공황 시기에 이 같은 부채-디플레이션이 발생하였습니다. 나처럼 대공황을 겪은 경제학자들 중 일부는 이후 경제 후퇴를 묘사할 때 결코 대공황이라는 표현을 의도적으로 쓰지 않았습니다. 경제적 충격만큼이나 심리적 상처가 컸고 디플레이션(Deflation) 또는 경기 침체(Depression)의 약자를 의미하는 단어 'D'가 불러올 공포의 정도를 기억하기 싫었기 때문이었죠. 아휴! 다시 생각해도 끔찍하군요.

1980년대 말 일본에서는 오랜 경기 호황 후에 부동산 거품이 꺼지면서 시작된 경기 침체로 10년 동안의 장기 불황을 맞았습니다. 1930년대 미국에 나타났던 D 유령이 60년 후에 일본에 나타난 것이죠. 그놈의 유령은 목숨도 질기죠? 1980년대 말에서 2000년대 초까지 지속된 일본의 부채-디플레이션 기간을 우리는 '일본의 잃어버린 10년'이라고 부른답니다.

미국에 다시 찾아온 D의 공포

지금 미국 경제가 처한 모습도 일본의 1980년대 말의 경우와 크게 달라 보이지 않습니다. 지난 2003년 이후 세계 경제의 호황 지속과 저금리를 통해 창출된 풍부한 유동성 덕분에 부동산을 비롯한 자산 가격이 가파르게 상승했어요. 그 과정에서 차입에 대한 의존도 또한 과도한 수준으로 높아졌지요. 여기에 세계 경제 침체가 더욱 깊어질 것으로 예상됨에 따라 본격적인 부채-디플레이션의 악순환에 빠져들 가능성도 배제할 수 없는 상황이 된 것입니다.

2008년 상반기에 진행됐던 고유가의 영향으로 가중된 인플레이션 압력이 최근 들어 물가 하락 쪽으로 극적 반전을 이룬 점이나, 미국 국채 가격이 사상 최고 수준으로 상승한 점 또한 이런 가능성을 부채질하고 있습니다. 아휴! 이젠 물가 하락이란 말만 들어도 등골이 오싹하네요.

더군다나 미국 소비자들은 빚을 내서라도 물건을 사들이기 때문에 매년 막대한 무역 적자에 시달리고 있습니다. 부족한 돈은 중국 등의 개발 도상국으로부터 자본을 차입해서 자신의 소득 수준을 넘어서는 적정 수준 이상의 과도한 소비를 해 왔지요. 일은 열심히 하지 않고 소비하고 즐기는 데만 열심이니, 이런 상황에서 디플레이션이 현실화될 경우에는 그 파급 효과가 미국 국내 경제뿐만 아니라 주요 대미 수출국 전반으로 크게 확산될 수도 있습니다. 완전히 고래 싸움에 새우 등 터지는 꼴이 될 수도 있다는 말씀!

유동성
기업이나 금융 기관 등의 경제 주체가 갖고 있는 자산을 필요한 시기에 손실 없이 현금으로 바꿀 수 있는 능력을 말합니다.

국채
자금 조달이나 정책 집행 등의 공공 목적을 달성하기 위해 중앙 정부가 발행하는 채무 증서입니다. 우리나라는 1949년에 최초로 건국 국채를 발행하였고, 지금까지 총 16종에 달하는 국채를 발행하였습니다.

한편 실물 자산의 가치가 하락하고 화폐 자산의 가치가 상승하는 디플레이션 상황에서는 자산이나 상품을 갖고 있는 사람은 불리한 반면 현금을 보유한 사람에게는 유리하다고 한 말을 기억하나요? 또 채권자는 유리해지고 채무자는 불리해진다고도 했습니다. 즉, 인플레이션과는 반대의 방향으로 소득 재분배 효과가 발생하는 것이죠.

문제는 이런 과정이 경기 침체를 동반한다는 것입니다. 따라서 국민 경제에서 대표적인 자금의 수요자라고 할 수 있는 기업의 경우, 매출이나 수익성이 악화되는 상황에서 부채를 줄여 나가야 하는 어려움에 처하게 된답니다.

기업뿐 아니라 가계의 경우도 빚을 내서 주식이나 부동산을 구입한 사람들은 어려움에 처할 수밖에 없겠지요. 자산 가격이 하락하는 상황에서 소득마저 감소할 가능성이 크기 때문에 원금과 이자를 갚기가 쉽지 않아 소비를 더욱 줄이게 되고, 이것이 경제 전반의 소비 침체를 다시 한 번 확대시키는 요인으로 작용하기 때문입니다.

특히 디플레이션이 두려운 이유는 그런 상황을 맞으면 사람들은 우선적으로 자신의 경제 활동을 축소하려 하는데, 이를 극복할 수 있는 마땅한 정책 수단을 찾기 어렵다는 데 있습니다. 듣고 보니 디플레이션은 정말 고약한 녀석이라는 걸 알겠죠?

인플레이션을 능가하는 초인플레이션

초인플레이션이란 무엇인가요?

하이퍼인플레이션(hyperinflation)이라고도 불리는 초인플레이션은 하루 물가 상승률이 1%를 넘어 매달 인플레이션율이 50%를 초과하는 경우를 말합니다. 여러 달을 복리로 계산하면 인플레이션율은 물가 수준의 대폭적 상승으로 이어지게 되지요.

문제는 초인플레이션이 아주 흔하지는 않지만 그렇다고 아주 희귀한 경우도 아니라는 점입니다. 초인플레이션은 여러 시대에 걸쳐 등장하였으며, 최근까지도 남미 등에서 발생하였으니까요. 현재 짐

짐바브웨의 100조 달러 지폐

바브웨는 전 세계적으로 가장 인플레이션이 높은 나라로, 최근 2억%라는 최악의 인플레이션율을 나타내고 있습니다. 1990년에 브라질은 2,740%, 아르헨티나는 2,315%의 초인플레이션을 경험한 바가 있답니다.

초인플레이션은 왜 생기나요?

이런 엄청난 초인플레이션이 발생하는 이유는 무엇일까요? 초인플레이션의 가장 확실한 원인은 해당국 중앙은행의 과도한 통화 공급임에 틀림없습니다. 중앙은행이 시중에 통화를 늘리면 얼마 후 대부분의 물가 수준은 상승할 수밖에 없거든요. 따라서 중앙은행이 과도하게 통화를 발행하면 결과적으로 이것이 초인플레이션으로 연

결됩니다.

그렇다면 왜 중앙은행은 과도하게 통화를 증가시켰을까요? 대부분의 경우 초인플레이션은 정부가 지출을 감당할 만큼의 적절한 조세 수입을 확보하지 못할 경우 시작되기 때문입니다.

정부는 국채 발행을 통해 정부 부채를 늘림으로써 재정 적자를 메우려 하지만, 정부의 신용도 하락 등 여러 가지 이유로 국채 발행이 힘들 경우에는 정부 적자를 충당할 다른 방도를 찾아야 합니다. 이럴 경우 정부로서는 가장 손쉽고 매력적인 방법이 화폐 인쇄기에 의존하는 것이지요.

보통 불환 지폐의 경우 화폐 인쇄 비용이 매우 저렴하기 때문에 재정 적자로 곤란에 처한 정부는 대규모 통화 발행이라는 유혹에 빠지기 쉽습니다.

> **재정 적자**
> 재정 적자는 일반적으로 세입이 세출보다 적을 경우입니다. 세입은 국민들로부터 세금을 걷는 것이고, 세출은 세금으로 거둔 돈을 사용하는 것을 말합니다. 세입이 세출보다 클 경우는 재정 흑자라고 하지요.
>
> **불환 지폐**
> 정화(正貨)와 바꿀 수 없는 지폐입니다. 정화는 금 본위국에서는 금화를, 은 본위국에서는 은화를 말합니다. 불환 지폐가 많아지면 인플레이션이 발생합니다.

1921년 제1차 세계 대전 후 전쟁 배상금 지급과 경제 회복의 필요성에 따라 독일 정부의 지출은 세입을 훨씬 초과하게 되었습니다. 정부는 국채 발행으로 정부 지출의 일부를 보충했지만, 이 당시 독일 정부가 필요로 했던 금액은 국채 발행으로 조달할 수 있었던 금액보다 훨씬 더 큰 것이었습니다. 결국 정부는 많은 양의 화폐를 발행하였고, 1923년 독일의 물가 수준은 연 100만%에 이르게 되었죠.

일단 초인플레이션이 진행되기 시작하면 정부의 재정 적자 문제는 훨씬 더 심각한 상황으로 악화되기 마련입니다. 지속적인 화폐 가치의 하락으로 국민들이 의도적으로 조세를 늦게 내려는 현상이 강해지고, 그럴수록 초인플레이션에 의한 국가의 실질 재정 수입은 더욱 악화되지요.

화폐 인쇄기에 의존해서 재정 적자를 채우려는 정부의 잘못된 경제 운용 방식이 더욱 굳어지면서, 과도한 통화 팽창이 초인플레이션을 부르고, 초인플레이션은 정부의 재정 적자 문제를 더욱 악화시킵니다. 이는 또다시 더 급속한 통화 팽창으로 이어져 사태는 점점 더 심한 악순환이 반복된답니다.

초인플레이션 때문에 생기는 비용은?

경제학자들 사이에서 완만한 속도로 나타나는 인플레이션에 대해서는 그 비용이 큰지, 아니면 작은지에 대한 의견의 차이가 있습니다. 그러나 초인플레이션이 사회 전체에 큰 해악을 끼친다는 것에 대해서는 모두 동감하지요. 초인플레이션으로 인한 비용을 질적인 측면에서 볼 때에는 보통 정도의 인플레이션으로 인한 비용과 비슷하다고 할 수 있습니다. 그러나 인플레이션이 극단적인 수준에 도달할 경우에는 그 영향이 심각하므로 이에 따른 비용도 더욱 명확해져요.

예를 들어, 평소 소유하는 화폐의 보유량을 축소시킴에 따라 은행을 자주 방문할 경우, 이로 인해서 신발이 닳아서 생기는 비용이 초인플레이션 하에서 심각해집니다. 메뉴 비용 또한 초인플레이션 하에서 더욱 증가하지요. 기업들은 자주 가격을 인상시켜야 하므로 소비자들에게 가격에 대한 혼란과 불신을 초래하게 됩니다.

실제로 독일에서는 1920년대 초인플레이션 기간 동안 종업원이 30분마다 식탁 위에 올라서서 새로운 가격을 알려 주기도 했습니다. 초인플레이션 기간 동안 상대 가격은 희소성을 올바르게 반영할 수 없기 때문에 가격이 큰 폭으로 자주 변할 경우, 고객들이 최선의 가격을 알아보기 위해 가계를 둘러보는 것은 의미가 없는 일이지요.

돈다발을 장난감으로 사용하는 독일의 어린이들

또 초인플레이션이 발생하면 납세자들은 될 수 있으면 세금의 납부를 후일로 미루려고 합니다. 화폐 가치가 연일 크게 하락하므로 세금을 늦게 납부하는 것이 유리하기 때문입니다. 결과적으로 조세 납부의 연기는 정부의 실질 조세 수입을 대폭 감소시키게 됩니다.

기업의 경우는 어떨까요? 현금의 가치가 급속히 감소할 경우, 기업의 관리자들은 현금 관리에 많은 시간과 노력을 쏟는 반면, 생산 및 투자 결정 같은 좀 더 가치 있는 일에는 소홀해지겠지요. 결국 경제가 효율적으로 운용되지 못하게 된답니다.

소비 생활에는 진짜 말 못할 정도의 불편함이 따라오게 되지요. 가게에 생필품을 사러 가는 경우, 소지해야 할 화폐의 부피가 구매 물품의 부피보다 크다고 생각해 보세요.

실제로 짐바브웨에서는 계란 한 개를 사기 위해서 계란 한 판에

해당하는 부피의 지폐가 필요한 경우도 있었습니다. 이 경우 화폐는 거래를 불편하게 만드는 도구일 뿐이어서 결국 아무도 이런 화폐를 사용하려 하지 않을 것입니다.

시간이 흐름에 따라 화폐는 가치 저장, 계산 단위, 교환의 매개 수단으로서의 역할을 상실하게 될 것입니다. 그렇게 되면 물물 교환이 일반화되고, 미국 달러화와 같이 안정적인 비공식적 화폐가 그 나라의 공식 화폐로 사용될 수도 있답니다.

실제로 1946년 헝가리에서는 지폐 대신 금속 은화와 금화를 사용했고, 1994년 물가 상승률이 1,000조%로 급등했던 구(舊)유고슬라비아는 자국의 돈을 포기하고 독일 마르크화로 거래하기도 했습니다.

궁극적으로 초인플레이션이 가져오는 이런 비용들은 그 사회가 계속적으로 감내하기 힘든 비용을 발생시킵니다.

초인플레이션을 잠재울 수 있는 방법은 없나요?

이런 초인플레이션을 진정시키기 위해서는 매우 고통스러운 재정 개혁이 필요합니다. 오랫동안 지속되었을 방만한 재정 상태와 누적된 국가 채무를 단기간에 건전한 상태로 되돌리기 위해서는 해당 국가 국민들의 인내와 고통 없이는 불가능한 경우가 대부분이죠. 따라서 재정 적자를 줄이기 위한 극단적인 수준의 정치적 결단이 요구됩니다. 일단 문제가 심각해지면 정부는 정부 지출을 대폭 감소시키고, 조세를 대폭적으로 늘림으로써 정부의 재정 적자를 줄여 나가야 합니다.

1923년 말에 독일 정부는 공무원의 수를 3분의 1 정도 감축시켰고, 전쟁 후 배상금의 지불도 일시적으로 중지시켰습니다. 동시에 새로운 중앙은행인 렌텐뱅크(Renten Bank)는 화폐 발행을 통해서 정부 재정을 채우지 않기로 국민들에게 서약했습니다. 결국 재정 문제가 가져온 독일의 초인플레이션 문제는 재정 개혁으로 잠잠해 질 수 있었답니다.

인플레이션은 화폐적 현상이 분명하지만, 초인플레이션의 종식은 대부분 재정 적자를 없애는 재정적 현상으로 해결할 수 있습니다.

짐바브웨의 초인플레이션

짐바브웨는 독재자 로버트 무가베 대통령이 집권한 1987년부터 경제난이 계속되고 있습니다. 2008년 물가가 무려 2억%나 폭등해, 2009년 초 1조분의 1로 화폐 단위를 낮추는 리디노미네이션(redenomination)을 단행한 대표적 하이퍼인플레이션 국가입니다.

2006년 짐바브웨 중앙은행은 1센트 지폐를 발행했습니다. 그러나 2007년 5월 발행된 지폐는 500억 달러짜리였지요. 당시 한국 돈으로 약 4,000원에 해당하던 이 지폐는 두 달 만에 약 70원으로 가치가 떨어진 것입니다. 2009년 초에는 급기야 100조 달러짜리 지폐와 함께 10조, 20조, 50조 짐바브웨 달러 지폐들도 동시에 발행되었답니다.

1980년 로디지아(Rhodesia)로부터 독립할 때만 해도 짐바브웨는 아프리카에서 아주 수준 높은 나라였습니다. 의료 수준이 높아 평균 수명이 60세로 아프리카에서 최장수 국가에 속하였죠. 그러나 지금 짐바브웨 국민들의 평균 수명은 35세로 감소했습니다. 짐바브웨에 살고 있는 시반다 씨는 월급으로 1,500억 달러를 받았는데, 이 돈으로는 달걀 20개나 옥수수 10kg을 암시장에서 살 수 있지요. 사람들은 하루에 한 끼밖에 먹지 못하고 병들어 가고 있습니다.

현재 짐바브웨의 실업률은 80%로 국가 산업이 사실상 마비된 상태입니다. 수도인 하라레의 고급 주택가에 사는 이쉬마엘 두브(60) 씨는 한때 정부에서 잘나가는 고위 외교관이었으나 이제는 가재도구와 옷마저 내다 팔고 있습니다. 두브 씨는 스트레스를 풀기 위해 주로 맥주를 마셨지만 이제는 그것도 불가능합니다.

짐바브웨의 화폐

"지난 주 맥주 한 잔은 100억 달러였는데 이번 주 월요일에는 200억 달러가 됐답니다. 수요일에는 400억 달러였는데 지금은 600억 달러죠."

두브 씨는 두 대의 자동차와 TV 세 대, 오디오, 라디오 등을 닥치는 대로 내다 팔았지만 현재 딸들의 학교에 1조 2,000억 달러의 빚을 지고 있습니다.

당국이 엄격하게 금지하고 있지만 지하 시장에서는 점점 남아프리카공화국 란드나 미국 달러 등 외화가 쓰이고 있습니다. 이들 외화는 400만 해외 거주 짐바브웨 인(짐바브웨 인구 1,200만의 3분의 1의 수치)들로부터 송금된답니다. 이들 해외 동포들은 헐값이 된 모국의 자산들을 사들이고 있지요. 외국의 약탈 자본들도 호시탐탐 짐바브웨의 자산을 노리고 있는 실정입니다.

짐바브웨의 물가 상승률은 현재 공식적으로 파악이 불가능할 정도로 심각한 상태에 빠져 있습니다.

물가는 오르는 게 좋은가요, 내리는 게 좋은가요?

적당히 완만하게 오르는 것이 좋지요.

완만한 물가 상승
→기업 이익 증가
→생산 활동 증대
→고용 증대
→실업률 감소

그런데 그게 쉽지 않아요.

인플레이션이나 디플레이션 말씀이죠?

물가가 지속적으로 상승하는 것을 인플레이션이라고 합니다. 예상치 못한 인플레이션은 돈의 가치를 떨어뜨리고 부동산과 토지 가격을 상승시켜 빈익빈 부익부 현상을 심화시키는 등 악영향을 가져옵니다.

디플레이션은 경기 침체기에 나타나는데, 지속적이고 광범위한 디플레이션은 소비와 투자를 줄여 실업이 늘게 합니다. 디플레이션의 예는 미국의 대공황을 생각하면 됩니다.

부채-디플레이션은 뭔가요?

D의 공포지!

사람들이 경기 호황기에 부채 상환을 위해 그동안 모은 자산을 한꺼번에 팔면서 자산 가격이 폭락합니다. 시장에서 자금이 말라버리면 물가가 하락하고 경기가 침체되어 금융 시장이 마비되는 것이지요.

아프리카 짐바브웨는 최근 2억%의 인플레이션을 경험하고 있지요. 이른바 초인플레이션 현상이랍니다.

물가를 안정시키는 방법

마지막 시간이 되었네요. 우리는 지금까지 물
가 수준에 대해서 알아보았고, 이 물가 수준이
크게 변동하면 경제에 많은 고통을 준다는 것
도 배웠습니다. 그럼 이제 물가 수준을 안정시
키기 위해서 무엇을 해야 하는지 알아볼까요?

수능과 유명 대학교의 논술 연계

물가 안정을 위한 수단

인플레이션을 억제하기 위해서는 어떻게 하면 좋을까요? 물가는 기본적으로 총수요와 총공급 간의 관계에서 결정된다고 하였습니다. 총공급에 비해서 총수요가 지나치게 클 때 물가는 상승할 것이므로, 먼저 총수요 억제 정책을 취하는 것이 물가 대책의 기본이라고 할 수 있을 것입니다.

일반적으로 총수요 억제를 위한 대표적 정책 수단으로는 국가의 살림살이를 조절하는 재정 정책과 시중에 떠도는 돈을 조절하는 금융 정책, 이 두 가지를 들 수 있습니다.

경기가 지나치게 상승될 것으로 보여 인플레이션이 발생할 가능성이 커지고 있다고 가정해 봅시다. 이 경우 경제 정책 당국은 경기를 하락시키기 위하여 나라의 씀씀이를 줄이는 방식으로 재정 지출

교과서에는

대표적인 재정 정책의 사례는 대공황기에 루즈벨트 대통령이 실시한 뉴딜 정책입니다. 재정 정책은 물가를 안정시킬 뿐만 아니라 경제 성장, 소득 재분배, 자원 배분의 기능도 합니다.

교과서에는

금리 정책과 통화 정책의 수단으로는 지급 준비율 조절 정책과 대출 정책, 공개 시장 조작을 이용하는 간접 조절 수단과 대출 한도제, 이자율 규제 정책 등의 직접 조절 수단이 있습니다.

콜금리

일시적으로 자금이 부족한 금융 기관이 자금이 남는 다른 기관에 자금을 빌려 달라고 요청하는 것이 콜(call)입니다. 이 콜머니 (call money)를 빌릴 때 형성되는 금리를 콜금리라고 하지요.

을 삭감하거나, 국민들에게서 더 많은 세금을 걷는 증세를 통해서 총수요를 줄이게 됩니다. 국가의 살림살이를 더 알뜰하게 꾸려 가는 방식인 셈이죠. 이것이 바로 재정 정책을 통한 물가 대책입니다.

돈의 흐름인 금융의 측면에서도 경기를 하락시키고 총수요를 억제할 수 있답니다. 이 경우에도 크게 두 가지 방법이 있지요. 바로 이자율을 조절하는 금리 정책과 시중에 풀린 돈의 양을 조절하는 통화 정책입니다.

통상적으로 경기가 지나치게 상승되어 물가가 불안해지면 중앙은행은 목표 **콜금리** 수준을 올립니다. 그러면 은행이 고객에게 대출하는 금리도 따라서 오르게 되고, 기업의 회사채 발행 금리 수준도 오르게 되지요. 경제 내의 금리 수준이 높아지면 돈을 빌리는 비용이 높아지기 때문에 가계의 소비 지출과 기업의 투자 수요가 줄어들게 됩니다. 결과적으로 경제 전체의 총수요도 줄어들어 경기를 진정시키는 효과를 얻게 되지요.

또한 중앙은행이 통화 정책을 통해 시중에서 돈의 흐름을 억제해도 목표 콜금리의 인상과 비슷한 효과를 얻을 수 있습니다. 이것은 시중의 돈줄을 꽉 조여서 경기가 지나치게 상승되는 것을 억제하는 방식입니다. 이것을 금융 정책을 통한 물가 대책이라고 한답니다.

총공급을 늘리는 방법도 효과적입니다. 여기에는 생산성의 향상, 수입 촉진 정책, 그리고 정부의 가격 안정 정책 등의 방법이 있지요.

먼저 생산성의 향상에 관해서는 설비의 근대화, 합리화, 시설 수준의 향상 등 생산 현장에서 생산성을 높이는 대책이 있습니다. 유통 구조를 합리화함으로써 소비자들에게 보다 저렴한 가격에 제품이 제공될 수 있게 하는 방식 등도 포함되지요.

수입 촉진 정책으로는 관세의 인하, 수입 규제의 철폐, 수입 할당 품목의 할당량 확대 등이 있습니다. 국내에서 급등하고 있는 상품의 가격을 떨어뜨리기 위해 외국으로부터 상품을 긴급히 수입하는 방법도 있지요. 과거 일본 내에서도 야채 가격이 급등하자 임시적 긴급 조치로 대만, 한국 등으로부터 야채의 수입을 촉진하기 위한 정책을 취했습니다.

정부의 가격 안정 정책의 대표적인 사례로는 농축산물 공급 안정 기금을 들 수 있습니다. 농축산물 공급에 이상이 생겨서 이들의 가격이 급등하는 경우, 농축산물 공급 안정 기금이 보관하는 농축산물 비축량을 일부 방출함으로써 이들의 시장 가격을 안정시키는 것이죠. 이 밖에도 석유 등의 중요 물자에 관해서 비축 체제를 강화하고, 필요에 따라 방출하는 것도 정부의 가격 안정 정책이라고 볼 수 있답니다.

"선생님, 총수요와 총공급을 이용한 방법 말고 다른 것은 없나요?"

카르텔
동종 또는 유사 산업 분야의 기업들이 가격이나 생산량, 출하량 등을 서로 협정해서 경쟁을 제한하고 이윤을 얻으려는 행위입니다. 국제 규모의 카르텔로는 석유 수출국 기구인 OPEC이 있습니다.

좋은 질문이에요. 기업들과 업계가 한통속이 되어 비밀리에 가격을 조절하는 가격 카르텔을 체결하거나, 공정 거래를 위반하여 인위적으로 가격을 인상하면 물가가 상승합니다. 또한 기업의 경쟁 제한적 움직임이 강화되면 기업은 경영 노력을 게을리 하게 되는데, 그 결과 경영 비용이 늘어나서 물가 인상의 원인을 만들게 되지요. 그러므로 정부는 공정 거래법을 엄격하게 운영하여 위법 카르텔이나 불공정 거래 등의 경쟁 제한적 행위를 단속하고, 기업 간의 경쟁 유지와 촉진에 힘을 쏟아야 합니다.

마지막으로 어떤 의미에서 물가 대책으로 가장 중요한 것은 경제 주체의 인플레이션 기대 심리를 부추기지 않는 것이라고 할 수 있습니다. 앞으로 물가가 오를 것이라고 생각하면 기업도 소비자도 그러한 기대에 따라서 행동하기 때문에 수요가 팽창하면서 물가가 오르게 되거든요. 이 같은 인플레이션 기대 심리를 제거하기 위해서는 물가 안정 의지에 대한 경제 주체의 신뢰가 절대적으로 필요합니다.

지금까지 물가를 안정시키기 위해서 사용할 수 있는 방법에 대해서 알아보았습니다. 흔히들 공짜 점심은 없다고 말하죠. 이는 무언가를 얻으려면 이에 상응하는 대가가 반드시 필요하다는 말입니다. 물가 안정의 경우에도 마찬가지랍니다. 그렇다면 물가를 안정시키기 위해서 경제가 지불해야 할 대가는 무엇일까요?

물가 안정의 대가

인플레이션을 낮추기 위해서는 반드시 실업률이 높아질 수밖에 없는 경제적 희생이 필요하게 됩니다. 즉, 인플레이션도 낮추고 실업률도 낮추는 두 마리의 토끼를 한꺼번에 잡을 수는 없다는 말입니다. 이를 달리 말해서 물가 상승률과 실업률 간에는 서로 상충 관계가 존재한다고 합니다. 물가 상승률을 낮추려면 실업률이 올라가고, 실업률을 낮추려면 물가 상승률이 올라갈 수밖에 없지요.

필립스

뉴질랜드의 경제학자입니다. 필립스 이전에는 인플레이션과 실업에 대한 연구가 따로따로 이뤄졌습니다. 때문에 두 경제 개념 사이의 관계를 논문으로 정리해 발표한 이후, 필립스는 명성을 얻게 되었습니다.

교과서에는

필립스 곡선은 우하향하는 모습을 띠는데, 이는 물가가 상승하면 실업률이 감소하고, 물가가 하락하면 실업률이 증가하는 관계를 나타냅니다.

이것을 최초로 지적한 사람은 뉴질랜드의 경제학자 필립스(A. W. Phillips, 1914~1975)였습니다. 그는 1861년부터 1957년까지의 영국의 통계 자료를 토대로 물가 상승률과 실업률 간에 나타나는 일정한 함수 관계를 발견하였습니다.

물가 상승률과 실업률 간의 관계를 그림으로 나타내면 아래와 같습니다. 이 그래프를 필립스 곡선(Phillips curve)이라고 하지요. 이 곡선은 물가 상승률을 낮추기 위해서는 결국 실업률이 높아지는 것을 받아들여야 한다는 것을 의미하며, 이 비율을 희생률이라고 부릅니다.

예를 들어, 물가 상승률 1%를 낮추기 위해서 실업률이 3% 높아지는 것을 받아들여야 한다면 희생률은 3이 되는 것이죠. 희생률이 클수록 물가 상승률을 낮추기 위해서 국민 경제가 지불해야 하는 대가, 즉 비용이 그만큼 크다는 것을 의미합니다.

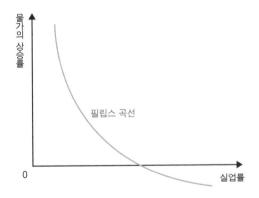

그런데 물가 상승률과 실업률을 한꺼번에 잡는 방법은 정말 불가능할까요? 이에 대한 경제학자들의 대답은 가능하다는 것입니다. 실업률이 높아진다는 것은 경기 침체의 정도가 심해진다는 것을 의미하는데, 경기 침체의 정도를 더욱 악화시키지 않으면서 실업률을 낮추는 방법이 한 가지 있다는 것입니다.

그런데 그 방법은 다음의 두 가지 조건이 충족되어야 합니다.

첫째, 임금과 가격을 결정하는 노동자와 기업이 기대를 형성하기 전에 인플레이션을 낮추겠다는 계획이 발표되어야 합니다.

둘째, 노동자와 기업이 그 발표를 신뢰하여야 합니다.

결국 국민들이 물가를 안정시키려는 정책 당국에 절대적인 신뢰를 보내 줄 때만 이것이 가능합니다. 인플레이션을 낮추려는 정책의 신뢰성이 정책이 치러야 할 대가를 결정하는 한 요소가 된다는 것입니다. 따라서 극단적으로 정부의 신뢰가 절대적이라면, 실업률 상승과 경기 침체라는 대가를 치르지 않으면서 물가 안정을 달성할 수도 있습니다.

물가 안정 목표제란 무엇인가?

한국은행은 한국의 중앙은행으로서 '물가 안정 목표제(Inflation Targeting)'라는 정책을 통해 경제의 물가 안정을 위해 노력하고 있습니다. 물가 안정 목표제가 무엇이냐고요?

국민에게 한 해의 물가 상승률 목표를 미리 제시하고 이를 지키기 위해서 물가 정책을 시행해 가는 제도로서, 물가 안정에 대해서 국민과 약속을 하고 이를 지켜 가는 방식의 물가 정책이랍니다. 1990년 뉴질랜드에서 처음 도입되었으며 이후 캐나다, 영국, 스웨덴 등 일부 선진국과 한국, 멕시코 등 신흥 시장국 그리고 체코, 폴란드 등 체제 전환국으로 확산되어 현재 23개국에서 운영되고 있습니다.

한국은행은 3년마다 그다음 3년간의 물가 안정 목표를 국민들에게 제시하는데, 현재 한국은행이 제시한 물가 안정 목표는 3.0±1%입니다. 즉, 물가 수준을 2~4% 이내로 안정시키겠다고 국민들에게 약속한 셈이 되는 것입니다.

이 방식은 경제의 지속적인 성장을 위해서는 임금, 상품 가격 등의 결정에 큰 영향을 미치는 국민의 장래 예상 물가 상승률의 안정이 무엇보다 중요하다는 인식에 그 바탕을 두고 있습니다. 앞서 필립스 곡선을 설명하면서 국민이 물가 정책에 대한 신뢰도가 높다면 희생률을 낮출 수 있고, 극단적인 경우 희생률을 제로로 만들 수도 있다고 했지요? 이 정책의 목표는 물가 정책에 대한 국민의 신뢰도를 높이는 데 있다고도 말할 수 있습니다.

만약 일반 국민이 중앙은행을 신뢰하지 못하고 있다면 중앙은행이 제시하는 약속, 즉 물가 목표도 믿지 않게 되어 이와는 전혀 다른 방향으로 의사 결정을 하게 될 것입니다.

예를 들어, 중앙은행이 금년 물가를 3%에서 억제하겠다고 발표하더라도 국민이 이를 신뢰하지 못하면 임금 협상에서 10% 임금 인상을 요구할 수도 있고, 개인 서비스 업자도 요금을 10% 이상 인상할 가능성이 생기게 됩니다. 이렇게 되면 이 제도는 실패할 확률이 높아질 것입니다.

근원인플레이션

세계 대부분의 국가들은 물가 안정을 위해 물가 안정 목표제를 채택하고, 소비자 물가 지수를 중심으로 물가 안정 목표를 설정하고 있습니다. 그러나 소비자 물가에 포함되어 있는 일부 품목은 통제할 수 없는 요인에 의해 급격히 오르고 내려서 소비자 물가에 영향을 주기 때문에 단기적으로 소비자 물가 자체를 기준으로 할 경우 일관성 있는 통화 정책을 운용하기 어렵습니다.

우리나라에서는 대표적으로 농산물 가격과 에너지 가격이 여기에 해당합니다. 이두 가지 종류의 가격은 한국은행의 물가 정책으로 관리하기는 어렵습니다. 농산물 가격은 예측하기 어려운 계절적 요인에 의해서, 에너지 가격은 우리나라에서 통제하기 어려운 해외 요인에 의해서 주로 크게 영향을 받기 때문입니다. 그래서 근원인플레이션(Core inflation)이라는 용어가 생기게 되었습니다.

근원인플레이션은 물가 변동의 추세를 잘 보여 주고, 통화 정책으로 통제가 가능하다는 장점을 갖습니다. 그렇지만 소비자가 일상생활에서 피부로 느낄 수밖에 없는 농산물 및 석유류 가격을 한국은행이 정책적 고려에서 제외한다면 통화 정책에 대한 일반적인 신뢰가 손상될 수 있다는 것이 근원인플레이션 목표가 갖는 문제점입니다.

2000년부터 2003년의 기간에는 근원인플레이션 목표 구간이 1년 단위로 결정되었습니다. 그러나 통화 정책의 효과가 실물 경제에 파급되기까지는 대개 짧으면 6개월, 길면 2년까지 걸리므로 통화 정책의 목표 기간을 장기화할 필요가 있습니다. 따라서 물가 안정 목표 관리 방식은 기존의 3년 평균 물가 상승률을 기준으로 목표 달성 여부를 판단하는 방식으로 하면서, 1년 단위로 물가 안정 목표제의 운영 상황을 점검·설명하는 방식으로 변경되었습니다.

"화폐량이 증가하면
물가가 상승해요"

물가는 경제학에서 가장 중요한 용어 다섯 가지만 꼽으라고 할 때 반드시 들어가야 할 만큼 비중이 높은 분야랍니다. 물가는 우리 경제의 건강도를 알려 주는 지표이기 때문입니다.

흔히 몸이 아프면 몸에 열이 나면서 체온이 평소보다 올라갑니다. 그래서 몸의 건강 이상을 체크할 때 가장 먼저 체온계를 사용해서 몸에 열이 나는지를 알아보지요. 경제도 마찬가지로 한 나라의 경제가 건전한지 아닌지를 살펴보기 위해서 그 나라의 물가 수준이 높은지 낮은지를 가장 먼저 살펴보게 됩니다.

경제 내에서 물가 수준이 높아지고 있다는 것은 경제가 너무 활동적이어서 휴식이 필요하다는 신호로 인식되기도 하지요. 체온이 높으면 우리 몸에 휴식이 필요하거나 치료가 필요하다고 판단하는 것과 같습니다. 또 경제 내에서 물가 수준이 낮아지고 있다는 것은 경제에 너무 활기가 없어 무언가 경제 내에 활력이 필요하다는 것을 말합니다.

나는 물가의 불안정을 여러 악의 원천이라고 생각했어요. 그래서 물가에 대한 연구를 멈출 수 없었지요. 화폐 수량설에 대한 연구는 말할 필요도 없이 물가의 안정과 직결되는 것이었고, 물가 지수 이론은 화폐 가치, 즉 일반 물가 수준을 더 정확하게 알고자 하는 노력에서 나왔답니다.

1929년에 시작된 대공황으로 주식 투자에서 거의 파산하게 되었을 때도 대공황에 대한 연구를 수행하면서 물가 하락이야말로 최대의 문제라는 생각에 이르게 되었죠. 이처럼 내가 평생에 걸쳐서 가장 중요하게 생각한 경제 문제는 물가의 안정이었습니다.

나는 화폐 문제의 연구에 모든 관심을 집중시켰고, 통화량의 변화가 물가와 실질 경제 활동에 어떤 영향을 미치는지에 대해 알고자 하였습니다. 끊임없는 연구의 결과로 통화량의 증가는 물가를 상승시키고, 통화량의 감소는 물가를 하락시켜 경제 활동을 위축시킨다고 생각했지요. 따라서 경제를 안정시키기 위해서는 통화량을 안정시킬 것을 주장하였던 것입니다.

경제적 현상을 설명하기 위해 응용했던 수리적, 통계적 연구 결과들은 나의 이런 주장을 뒷받침해 주었습니다. 특히 교환 방정식은 화폐 수량설과 화폐 수요 이론을 발전시키는 데 크게 기여했습니다. 나는 1911년에 출간한 『화폐의 구매력』을 통해 화폐량의 증가가 물가에 미치는 영향에 대해 다음과 같이 설명했답니다.

"화폐량을 두 배로 증가시키면, ① 일반적으로 (요구불)예금을 두 배로 증가시킬 것이며, ② 화폐 또는 예금의 유통 속도나 거래량에는 쉽게 영향을 미치지 않을 것이기 때문에, 물가 수준이 두 배로 증가한다는 사실이 필연적으로 또한 수학적으로 정립된다.

이제 화폐 수량설이 어떤 인과적 의미에서 사실인가를 다시 말할 수 있다. 화폐량 증가의 일반적인 효과는 일반 물가 수준을 정확하게 비례적으로 증가시킨다는 의미에서 화폐 수량설은 진실이다."

—『화폐의 구매력』

물가가 경제에 보내는 신호를 무시하면 경제 질서 자체가 붕괴될 수도 있습니다. 사람의 체온이 정상 범위 내에 있지 않을 때 빨리 치료를 받지 않으면 생명에 지장을 줄 수 있는 것처럼 말이죠. 이렇듯 물가를 정상적인 수준에서 안정시키는 일이야말로 무엇보다 중요하다는 사실을 반드시 기억하기 바랍니다.

그런데 내가 경제 이론을 설명하는 데 수학적 방식을 도입한 계량 경제학자라고 해서 나를 고지식하고 어려운 경제학자라고 생각하는 친구들이 있는 것 같네요. 물론 내가 가장 중요하게 생각하고 연구한 학문은 경제학이지만, 나는 경제학이 하나의 독립적인 학문이라고 생각하지 않았습니다. 그래서 경제학에 수학을 도입하기도 하고, 경제학과 더불어 인간의 복지를 증진시키기 위한 건강법 등에 대한 연구에도 관심을 두었던 것이죠.

나는 일생 동안 28권의 저서를 썼습니다. 그중 18권은 경제학의 각 분야에 걸친 것이고, 나머지는 수학 교과서, 식이 요법과 보건에 관한 것들입니다. 나는 경제뿐만이 아닌 다양한 분야의 책을 쓰면서 실제적인 경제적 문제들이 고유의 경제학에만 국한된 경우는 매우 드물며 법률, 정치, 그리고 도덕의 많은 영역과도 연관이 있다고 말 했습니다.

여러분, 경제학은 절대로 독립적이고 어려운 학문이 아니랍니다. 경제는 다른 학문과도 연결될 수 있으며, 우리 생활에 굉장히 밀접 한 학문이라고 할 수 있습니다. 나는 여러분이 다양한 시각으로 경 제를 바라보고 실천해 나가기를 바랍니다.

경제학은 다양한 학문과 연관이 있습니다.

2008년도 (10월) 교육청 13번

다음은 전문가들의 경기 진단이다. 이에 대한 옳은 설명을 〈보기〉에서 고른 것은? [3점]

갑 : 최근 수출이 호조를 보이고 있으나 내수 증가율이 낮아지고 있어 경기가 둔화될 것이다.

을 : 고유가 영향 등으로 물가 상승률이 높아지고, 기업의 생산비 증가로 국내 경기 침체가 가속화될 것이다.

병 : 금융 시장에서는 풍부한 유동성으로 금리가 지속적으로 하락하여 인플레이션 우려가 커지고 있다.

〈보기〉

ㄱ. 갑은 중앙은행의 재할인율 인상을 지지할 것이다.

ㄴ. 을의 진단은 총공급의 감소보다는 총수요의 부족에 근거한다.

ㄷ. 병의 진단에 따르면 중앙은행의 국·공채 매입은 경기 과열을 초래할 수 있다.

ㄹ. 을의 진단에 따르면 비용 인상 인플레이션, 병의 진단에 따르면 수요 견인 인플레이션이 나타날 수 있다.

---

① ㄱ, ㄴ   ② ㄱ, ㄷ   ③ ㄴ, ㄷ   ④ ㄴ, ㄹ   ⑤ ㄷ, ㄹ

다음 뉴스에서 말하는 정책의 시행 배경으로 가장 적절한 것은? [2점]

> 오늘 중앙은행은 지급 준비율과 재할인율을 상향 조정한다고
> 발표하였습니다.   2009. 11. 11

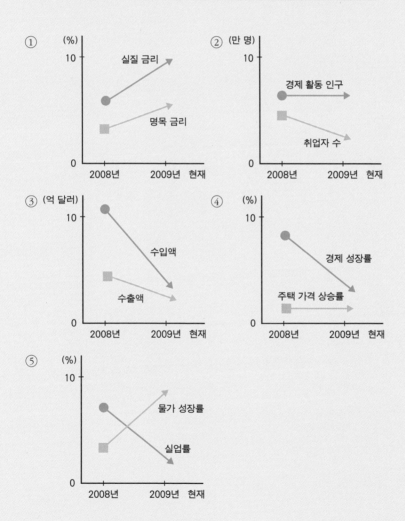

2008년도 수능 13번

다음 자료에 나타난 경제 상황 변화와 정부 및 중앙은행의 입장으로부터 추론할 수 있는 내용으로 옳지 않은 것은? [3점]

A국의 정부와 중앙은행은 고통 지수 상승의 심각성을 인식하고 대책 마련에 나섰다. 정부는 실업률이 상승함에 따른 부작용을 우려하고 있는 반면 중앙은행은 물가 상승률이 높아짐에 따른 부작용을 우려하고 있다.

고통 지수의 변화

고통 지수 = 실업률 + 물가 상승률

① 정부는 조세 인하 등의 정책을 선호할 것이다.
② 정부는 재정 지출 확대 등의 정책을 선호할 것이다.
③ 중앙은행은 금리 인상 등의 정책을 선호할 것이다.
④ 중앙은행은 국·공채 매입 등의 정책을 선호할 것이다.
⑤ 유가 급등과 같은 해외 여건의 변화로 인해 발생할 수 있다.

〈2008년도 교육청 13번〉 답 ⑤

인플레이션의 원인과 대책에 대한 문제입니다. 소득 증가, 통화량 증가 등으로 총수요가 총공급을 초과함으로써 발생하는 것을 수요 견인 인플레이션이라 하고, 국제 원자재 가격 상승, 임금 상승, 금리 인상 등으로 생산비가 인상되고 총공급이 감소하여 발생하는 것을 비용 인상 인플레이션이라고 합니다. ㄷ. 인플레이션의 우려가 있는 상황에서 중앙은행이 국·공채를 매입하면 통화량이 더욱 늘어나 경기 과열을 초래할 수 있습니다. ㄹ. 을은 생산비 상승으로 인한 비용 인상 인플레이션을, 병은 통화량 증가로 인한 수요 견인 인플레이션을 우려하고 있습니다. ㄱ. 갑은 경기가 둔화될 것이라고 전망하고 있으므로 재할인율 인하를 지지할 것입니다. 재할인율이 인하되면 중앙은행으로부터 자금을 조달하는 상업 은행들의 자금 조달 비용이 줄어들어 은행의 대출이 늘고 기업의 투자도 늘기 때문입니다.

〈2010년도 수능 4번〉 답 ⑤

지급 준비율과 재할인율 인상은 과열된 경기를 안정시키기 위해 시행하는 정책입니다. 이 정책은 시중에 풀릴 수 있는 통화량을 감소시키는 데 그 목적이 있습니다. 그리고 이러한 통화량 감소 정책은 물가 안정을 목표로 하는 경우가 대부분입니다. ⑤ 물가 안정이 요구되는 경기 과열 상황을 가장 잘 나타내는 지표는 물가 상승률과 실업률입니다. 따라서 물가 상승률이 지속적으로 상승하고 실업률이 지속적으로 하락하는 상황을 찾으면 됩니다. ① 피셔 효과 '명목이자율=실질 이자율-인플레이션율' 공식에 따르면 현재 실질 이자율이 명목 이자율보다 높기 때문에 물가는 하락하고 있을 것입니다.

〈2008년도 수능 13번〉 답 ④

정부는 실업률 상승에 따른 부작용을, 중앙은행은 높은 물가 상승률에 따른 부작용을 우려하고 있습니다. 따라서 정부는 경기 활성화를, 중앙은행은 경기 안정을 목표로 할 것입니다. ①, ② 경기 안정을 위한 정부의 재정 정책으로는 조세 인하, 정부 지출 확대 정책 등이 있습니다. ③ 중앙은행은 통화량을 감소시켜 물가를 안정시키려고 할 것입니다. ④ 그러나 이때 중앙은행이 국·공채를 매입하면 시중 통화량이 증가하므로 물가가 상승합니다. ⑤ 유가 급등은 총공급을 감소시켜 실업률과 물가 상승이 동시에 나타나는 스태그플레이션 현상을 유발할 수 있습니다.

○ 찾아보기

경제학자가 들려주는 경제 이야기 09
어빙 피셔가 들려주는 물가 이야기

© 홍완표, 2011

초판 1쇄 발행일 2011년 8월 11일
초판 3쇄 발행일 2020년 5월 4일

지은이   홍완표
그린이   황기홍
펴낸이   정은영

펴낸곳   (주)자음과모음
출판등록   2001년 11월 28일 제2001-000259호
주소   04047 서울시 마포구 양화로6길 49
전화   편집부 02) 324-2347 경영지원부 02) 325-6047
팩스   편집부 02) 324-2348 경영지원부 02) 2648-1311
이메일   jamoteen@jamobook.com

ISBN 978-89-544-2559-9 (44300)